Johann Tschiffeli

Von der Stallfütterung und vom Kleebau in der Schweiz

Johann Tschiffeli
Von der Stallfütterung und vom Kleebau in der Schweiz
ISBN/EAN: 9783743321656
Hergestellt in Europa, USA, Kanada, Australien, Japan
Cover: Foto ©ninafisch / pixelio.de

Manufactured and distributed by brebook publishing software (www.brebook.com)

Johann Tschiffeli

Von der Stallfütterung und vom Kleebau in der Schweiz

Johann Rudolf Tschiffeli,
weyl. Mitglied der ökon. Gesellschaft in Bern, und
Sekretair derselben.

Von der Stallfütterung und vom Kleebau in der Schweiz.

Bern, bey Emanuel Haller.
1789.

Innhalt.

Seite

Erster Brief. — Beantwortung der Frage, ob es vortheilhafter sey, das Hornvieh im Stalle zu füttern, oder es weiden zu lassen, und zwar sowohl in Absicht auf die Viehnützung als auf den Dünger. —   3 - 18

Zweyter Brief. — Beschreibung der Vortheile, welche unmittelbar aus der Stallfütterung bey grünem Gras entstehen. —   19 - 31

Dritter Brief. — Erfahrungen darüber, und wie es anzufangen, diesen Nutzen zu erzielen. —   32 - 42

Vierter Brief. — Die Vermehrung des Düngers im Stall führt zu andern wichtigen Vortheilen der Landwirthschaft, Beschreibnng eines guten Düngers — Berechnung von 20 Stücken eingestallten Hornviehes. —   43 - 52

Fünfter Brief. — Beobachtungen von Schweizer Landwirthen über die beste Art die Stallung einzurichten — Regeln wie guter Viehdünger zu machen. — Verfahrungsart beym Bedüngen der Felder —— von der vermehrten Fruchtbarkeit nebst Beantwortung verschiedener Einwürfe. —   52 - 73

Vom

Innhalt.

Vom Kleebau in der Schweiz. — Von den künstlichen Wiesen in der Schweiz. — Von den verschiedenen Kleearten die da gebauet werden, Beschreibung der vorzüglichsten derselben — woher guter Kleesaamen zu beziehen — welcher Boden zum Kleebau vorzüglich geschickt sey? Berechnung des jährlichen Ertrags einer wohl angebauten Kleematten im Bernerischen — Verhältnisse eines Kleefeldes gegen andre künstliche und natürliche Wiesen. — Prüfung verschiedner Arten Futterkräuter. — Der Kleebau ist mit dem Getraidebau auf das genaueste verbunden — wie ein Kleeacker zubereitet werde — vom Dürrmachen und Einsammeln des Klees — Berechnung der Vortheile des mit dem Getreidebau verknüpften Kleebaues — 74-105

Beylage. — Eine kurze historische Nachricht von dem Hrn. Verfasser; nebst einer merkwürdigen Uebereinstimmung zwischen demselben und seinem vieljährigen Korrespondenten Herrn Pfarrer Mejer zu Kupferzell, welches Beyspiel alle obige Lehren auch aus Deutschland bestätiget. — 106 ff.

Briefe
über die
Stallfütterung. *)

Mein Herr!

Ich erfülle hiermit mein Versprechen, das ich Ihnen im vergangenen Sommer gethan habe. Bey Ihrem damaligen güti-

*) Zum erstenmal gedruckt 1774. ohne Namen des Verfassers.

gen Besuch auf meinem Landgut bezeugten Sie Ihre Verwunderung, mein sämtliches Hornvieh im Stalle beständig am grünen Futter zu sehen, anstatt solches nach der gemeinen Landesart auf die Gemeinweiden treiben zu lassen, an welchen meine Besitzung nahmhaften Antheil hat. Ich versicherte Sie, daß ich bey diesem Verfahren in alle Weise einen grossen Vortheil fände, und versprach Ihnen, Ihre hierüber geäusserten Zweifel bey erster Muße schriftlich zu lösen. Vielleicht kann dieses Ihnen und Ihren benachbarten wirthschaftlichen Freunden zu weitern nützlichen Ueberlegungen Anlaß geben; denn was hier in der Schweiz in diesem Stück angeht, soll auch in Ihrem gesegneten und weit fruchtbarern Schwabenland Platz finden.

Die Frage ist also diese, ob es vortheilhafter sey, das Hornvieh im Stalle zu füttern,

füttern, oder weiden zu laſſen: und zwar dieſes ſowohl in Abſicht auf die Viehnutzung als auf den Dünger?

Denn geſetzt, was gewiß iſt, geſetzt, daß durch den mehrern Dünger, den man ſich mit der Einſtallung des Viehes verſprechen kann, nur ein ſolcher Vortheil entſtünde, der durch den Abgang der unmittelbaren Benutzung des Hornviehes wieder verlohren gienge, oder gar durch den daraus erwachſenden Schaden überwogen würde, ſo wird das Einſtallen entweder unnütz, oder gar ſchädlich. Da nun bey dieſer wirthſchaftlichen Einrichtung der Zuwachs an Miſt ſeine ungezweifelte Richtigkeit hat, ſo muß man voraus denjenigen Theil der Frage behandeln, der bey dem erſten Anblick minder deutlich ins Auge fällt.

Wir werden vorerſt nach ſichern Grundſätzen, und ſowohl eignen als vielfältigen

Erfahrungen, festsetzen, was in Absicht auf die unmittelbare Viehnüzung bey der Einstallung sich für Vortheil oder Schaden finde. Ist dieses ins klare gebracht, so wird die Wichtigkeit des mehrern Düngers, als der mittelbaren Viehnüzung, desto richtiger zu bestimmen seyn.

Der unmittelbare Nutzen des Hornviehes bestehet
1. In dessen Vermehrung durch die Zucht.
2. In der Mastung.
3. In der Milch.
4. In der Arbeit.

Unzertrennlich hängen alle diese verschiedenen Vortheile ab, von der möglichst vollkommenen Gesundheit des Viehes.

Diese Gesundheit aber hauptsächlich:
a. Von dessen schicklicher, ordentlicher und genugsamer Nahrung.
b. Von fleißiger Pflege.

c. Von

c. Von der gehörigen Ruhe.
d. Von gesundem Wasser.
e. Von der temperirten Luft, der diese Thiere ausgesetzt sind.

Wir wollen nun ein wenig nachsehen, wie diese Erfordernisse, wo nicht durchgehends, doch auf den allermeisten Weiden, sonderlich auf denen, die ganzen Dorfschaften zugehören, erhalten werden. Kaum hat noch die halb erstarrte Erde einen Theil ihrer Winterdecke abgelegt, kümmerlich keimen noch die frühesten Pflanzen des Frühlings, so ist die ganze Gemeinde schon in Bewegung. Fast jeder Einwohner hat aus thörichter Habsucht mehr Vieh eingestellt, als er hinlänglich auszuwintern vermag. Der Unbesonnene bedachte nicht, daß vier Stücke Vieh, welcher Art sie immer seyen, bey voller Nahrung mehr Nutzen schaffen, als sechs dergleichen, die darben müssen. Nun ist sein Futter alle, und aufgebraucht.

Die dringende Noth kennet keine Schranken, auch öfters die nicht, welche unser augenscheinliches Verderben verhüten sollen. Sie, die Noth, nicht die Vernunft setzet den Tag zur Weidfahrt fest; das armselige halb verhungerte Vieh wird auf die noch nackende Weide getrieben, wo es anstatt hinlänglicher Nahrung, von Hecken und Gebüschen sich eine unverdauliche Speise herunterreißt, und von Frost, Regen und beissenden Winden durchdrungen, sich den Stoff zu tödtenden Krankheiten sammelt, welche hernach von den schwülen Tagen des Sommers zum schreckenden Ausbruch befördert werden. Der Sommer selbst dann ist dem weidenden Vieh in andern Absichten nicht weniger gefährlich und beschwerlich. Wie werden diese armen Thiere in der strengsten Hitze von Mücken, Fliegen, Bremsen, und so vielen andern Feinden, vom Morgen bis an den späten Abend mü-

be

de gejagt! Wie oft von Mattigkeit und heissem Durst überwältiget, sauffen sie sich bey der nächsten stinkenden Pfütze den Tod ein! Nicht selten ist ein, plötzlich auf saftigen dem Vieh höchst angenehm und unverdächtigen Pflanzen erscheinender Honigthau, eine unmittelbare Ursache landesverderblicher Seuchen.

Der Herbst, und zwar der schon etwas späthe Herbst, scheinet demnach die einzige Zeit des Jahrs zu seyn, da ohne offenbare Gefahr und handgreiflichen Schaden zu Zeiten geweidet werden könnte, den einzigen Fall nehme ich aus, wenn die ausserordentliche Fettigkeit einer Wiese allzuharte Grasarten, wie zum Exempel den Bärenklau (Branca ursina) und dergleichen, häufig hervorbringt. Solche taugen, wenn sie gänzlich erwachsen sind, weder zu grünem noch zu dürrem Futter; und da ist um solche auszurotten, kein so sichrer ja vielleicht

leicht auſſer dem Pflügen der einzige Weg, als dergleichen geile Wieſen zeitig im Frühling ſcharf abweiden zu laſſen. Indeſſen hat ſelbſt der Herbſt bey dem Weidgang ſeine groſſe Beſchwerlichkeiten und groſſe Bedenken. Iſt die Weide mager, ſo iſt dabey wenig zu erholen; iſt ſie fett, ſo läuft das Vieh bey naſſem Gras Gefahr von Blähungen auf der Stelle des Todes zu ſeyn, wenn ihm nicht faſt augenblicklich geholfen wird. Kein Jahr vergeht, daß wir deſſen, es ſey auf Aeckern oder in Gründen, in meinem Vaterlande nicht häufige Exempel haben ſollten. Man bedenke anbey, wie ſehr fette Wieſen bey dieſer feuchten Jahreszeit, von dem ſchweren Tritte der Ochſen und Kühe geſtampfet, und mit Löchern angefüllet werden. In dieſen bleibt in folgendem Frühjahr überflüßige Feuchtigkeit liegen, die ſaures, hartes Gras zeuget, welches, wenn es auch ſchon beſſer wäre, dennoch mit der Senſe

Senſe nicht auf den Grund, wie es ſeyn ſoll, abgeſchnitten werden kann.

Wird hingegen die Wieſe mit dem herbſtlichen Weidgang verſchont, ſo bleibt das Spätgras nicht ohne merklichen Nutzen ſtehen. Ein Theil deſſelben, und zwar alles, was blättericht iſt, verfault, und dienet der Wieſe zu einigem Dünger; das übrige verwelkt, bleibt aber ſtehen, und wenn im Frühjahr das junge Gras hervorkeimet, und noch äuſſerſt zart iſt, findet es ſich in dieſen verwelkten Pflanzen gleichſam wie in Baumwolle eingehüllet, und wird dadurch von den ſcharfen Frühlingswinden geſichert.

Wenn ich alſo mein Glaubensbekenntnis über dieſen wichtigen Vorwurf der Landwirthſchaft ablegen ſoll, ſo geſtehe ich freymüthig, daß alles Weiden, ſonderlich aber des erwachſenen Hornviehes, mir von Herzen zuwider iſt; daß ich ſolches in allewege

als

als verderblich ansehe, und meine beständige Erfahrung und seit langen Zeiten fortgesetzte Beobachtungen mich von Jahr zu Jahr in meiner diesörtigen Ueberzeugung je länger je mehr befestigen. Denn von den Alpen ist hier nicht die Rede; ein Theil derselben ist so hoch gelegen, daß freylich solche anders nicht als vermittelst des Weidgangs benützet werden können.

Ist es um die Vermehrung des Viehstandes zu thun, so hat das Weiden allemal beträchtliche Unbequemlichkeiten, da gewöhnlich altes und junges Vieh sich bey einander auf gleicher Trift befindet. Kälber werden öfters schon im fünfzehnten Monat ihres Alters, ja noch eher, trächtig; und da sie in diesem Alter noch kümmerlich ihr halbes Wachsthum zurückgelegt, so werden ihre noch schwachen Kräfte über Vermögen angegriffen; die Mutter bleibt klein und mager; die Menge der Milch ist ihrer Größe se angemessen, und das von ihr fallende Kalb wird, eben wie die Mutter, klein und hager bleiben. Von diesem unvorsichtigen Verfahren weit mehr, als von der Landesart, entstehen hie und da die elenden Arten von Vieh, die man anders nicht als mit Erbarmen ansehen kann.

Aus Erfahrungen weiß ich, daß bey besserer Aufsicht, hinlänglicher Nahrung, und sonderlich durch die Vorsorge, daß das Kalb nicht trächtig werde, ehe es wenigstens seine 24 bis 30 Monate zurückgeleget hat, von sehr kleinen Arten von Vieh, schon in der zweyten Generation weit grössere Kälber fallen, die in allewege ihre Aeltern weit übertreffen; und so kann in kurzen Jahren eine Zucht, je nach der verschiedenen Besorgung, auf das doppelte verbessert oder verringert werden. Ich habe Kühe von der kleinern Art in ihren besten Jahren, um 18 bis 20 Reichsthaler gekauft,

deren

deren Abstämmlinge in der zweyten Generation im Alter von 2 Jahren mehr als einsmal um 36 bis 40 Reichsthaler von mir verkauft worden; allein diese giengen nimmer auf der Weide, sondern wurden im Stall aufgezogen.

Trächtige Kühe auf der Weide sind überdies der Gefahr ausgesetzt, durch Stossen, Springen und dergleichen, um das Kalb gebracht zu werden. Nichts ist gemeiner, als dergleichen Zufälle, die sich hingegen in einem wohlbesorgten Stalle ungemein seltener ereignen werden.

Zu glücklicher und schleuniger Mastung des Viehes trägt ganz gewiß nichts mehr bey, als eine öftere, zu kleinen Portionen abgetheilte, aber in Absicht auf die Zeit mit äusserster Genauigkeit demselben gereichte Fütterung.

Es ist unglaublich, wie sehr dieses die Fettigkeit beschleuniget, und wie weit
solche

solche durch diesen einfältigen Handgriff getrieben werden kann. Dieses aber ist bey dem Weidgang schlechterdings unmöglich, wenn gleich der Herbst, als die einzige dazu taugliche Jahrszeit, gewählet wird. Im Sommer ist daran gar nicht zu gedenken, zumal das fliegende Geschmeiß von allen Arten die armen Geschöpfe den ganzen langen Tag über dergestalt verfolget, daß sie weder Futter noch Ruhe geniessen können.

Aus diesem Grund wird man auch niemals in den Sommermonaten von Melkkühen so viel Milch auf der Weide erhalten, als sie bey einer sorgfältigen Wartung im Stalle liefern würden, wenn sie auch gleich im besten Grase bis über die Knie herumirren könnten.

Soll endlich das zur Weide getriebene Vieh ins Joch gespannt und zur Arbeit gebraucht werden, so muß es nothwendig noch vorher im Stalle ein beträchtliches Futter erhal-

erhalten, wenn seine Arbeit etwas taugen und von einiger Dauer seyn soll. Es ist also in dieser Absicht der Vortheil des Weidgangs bey weitem so groß nicht, als Unerfahrne sich solchen vorstellen möchten. Nicht zu gedenken, wie viel Zeit öfters mit dem Aufsuchen des Zugviehes verlohren geht, und manchmal der Bauer ganze Stunden herumläuft und sich müde jagt, ehe noch seine Tagesarbeit ihren Anfang nimmt.

Alles dieses sind Wahrheiten von alltäglicher, allgemeiner und unwidersprechlicher Erfahrung. Es ist ausgemacht, daß das Vieh

   a. Weder die gehörige Pflege, noch öfters die hinlängliche Nahrung, und fast niemals die erforderliche Ruhe bey dem Weidgang findet.

   b. Daß die schnellen Abwechslungen der Witterung, deren es auf der Trift unausweichlich ausgesetzt ist, seiner Gesunde

Gesundheit nothwendig nachtheilig werden müssen:

c. Daß auch die gesündesten Pflanzen dem Vieh zuweilen, es sey vermittelst des Honigthaues oder allzuvieler Feuchtigkeit, schnelle und tödtliche Krankheiten zuziehen können, und daß ein gleiches bey schwülen Sommertagen von jeder stehenden Pfüze zu befahren stehet: und daß endlich überdas

d. Keinerley Vortheil ist, den die Weide in Benutzung des Viehes darbietet, welchen die sorgfältige Fütterung im Stalle nicht in ungleich höherm Grade verschaffen sollte.

Dieses sind überhaupt die Unbequemlichkeiten, die mir bey dem Weidgang jederzeit misfallen haben. In meinem nächsten Briefe werde ich Ihnen zu zeigen suchen, was die Stallfütterung für unmittelbaren Nutzen mit sich führe, wenn mit Ordnung und

B   Sorg-

Sorgfalt gewirthschaftet wird. Ich verbleibe inzwischen ꝛc. ꝛc.

Bern, den 10ten Horvung
1773.

Tschiffeli.

Zweyter Brief.

Daß Dorfschaften und Gemeinden bey ihren uralten, schon vor den Hirtenzeiten her eingeführten Gewohnheiten und Gebräuchen auch da hartnäckig geblieben, wo eine gnädige und weise Regierung ihnen gern die Augen öfnen, und ihr handgreifliches Beste in proportionirter Vertheilung ihrer Triften und Weidländer zu befördern wünschte, solches befremdet mich keineswegs. Die Einfalt des Landmanns, sein Unvermögen etwas verwickelte Begriffe gehörig auseinan einander zu setzen, sein tief eingewurzelter Neid gegen alle seine Mitgenossen, sein mißtrauisches Herz gegen seine Herrschaft und Landesobrigkeit sind solche Hindernisse, die nichts als Geduld und Klugheit, oder aber ein heilsamer Zwang, jemals durchgängig überwinden werden. Daß aber Privatpersonen, die auf ihren Gütern und Ländereyen sich nach Belieben einzurichten völlige Freyheit haben, noch immerhin an diesem elenden Weidgangsschlendrian hängen können, ist fast unbegreiflich, wenn sie je als wahre Wirthschafter die Sache einmal gründlich erdauret, überlegt und berechnet haben sollten. Alle die Einwürfe, die ich jemals wider die Stallfütterung anbringen gehört, laufen hauptsächlich dahinaus:

1. Die mehrere Gesundheit des Viehs erfordere den Weidgang, zumal da die Freyheit der natürliche Zustand der Thiere sey.

Nun geben wir gerne zu, daß freylich unser Hornvieh in milden Gegenden bey völliger Freyheit der allerdauerhaftesten Gesundheit genießen würde. Allein dieses ist nicht unser Fall. Die Strenge unsrer nördlichen Winter nöthiget uns, das Vieh während dieser herben Witterung im Stalle zu pflegen, wo dann dasselbe seine natürliche Härtigkeit nothwendig verlieren muß, und eben daher weniger tüchtig wird, die Intemperie der übrigen Jahrszeiten gehörig zu ertragen. Hier, wie in allen andern ökonomischen Fällen, ist die Erfahrung der sicherste Lehrmeister. Man gebe Achtung, wo die Viehseuchen entstehen, ob in Ställen oder auf Weiden; und wo dieselben die mehreste Verwüstung anrichten. So viel mir Wirthschafter und Aerzte bekannt sind, die hierüber geschrieben haben, geben sie alle das einstimmige Zeugniß, daß der Ursprung und Fortgang aller dergleichen

Krank-

Krankheiten weit öfterer von ungesunden Weiden und Waſſern als von der angeſteckten Luft herrühren. Vor nun 10 Jahren war der ſogenannte Zungenpreſſen in unſern Gegenden heftig eingeriſſen; vieles Vieh ſtarb dahin, vieles ward kümmerlich gerettet. In dem Dorfe, wo damals meine Güter lagen, blieben von den auf der Weide gehenden Stücken nur ſehr wenige frey, da hingegen von allem meinem Hornvieh ein einziges Stück, und zwar ſo leicht, von dieſer Krankheit angegriffen worden, daß nach dem Aufreiſſen der Blattern und deren einige male wiederholtem Auswaſchen das Uebel gänzlich verſchwunden war.

2. Berechnet man die Unköſten der Beſorgung des Viehes im Stalle ſo hoch, daß man glaubt, dadurch allen daraus etwa entſtehenden Vortheil gänzlich wieder zu verlieren,

Gesetzt nun, dem wäre also, gesetzt, daß die Unkösten den Profit von der unmittelbaren Viehnüzung wieder aufreiben würden, so sollte dennoch der mehrere Dünger noch immer ein mächtiger Beweggrund seyn, die Stallfütterung der Weidfahrt vorzuziehen. Wir werden aber bald sehen, daß dieser Wahn an sich selbst irrig, und entweder die Folge übel angestellter Versuche, oder einer falschen Berechnung ist. Endlich

3. Ist der Haupteinwurf, ob man die Weiden unbenüzt liegen lassen, und wo man die grosse Menge Futter hernehmen solle, die bey der beständigen Einstallung erfordert werde?

Allein gesetzt, daß ein solches Weidland mit Mutterpferden, Füllen, Schaafen und dergleichen, nicht eben so hoch als mit Hornvieh, vermittelst des Abweidens zu benützen wäre, so werden sich wohlgeprüfte

prüfte Wege finden, durch welche dergleichen Weidland, vermittelst gehörigen Fleis-
ses, nach und nach eben so hoch, als
andre Wiesen, mit sehr geringen Kosten
benützet werden kann, und daß eben vermittelst dieses Verfahrens, zu reichlicher
Ernährung des eingestallten Viehes, sowohl
für den Sommer als den Winter hin-
längliches Futter vorhanden seyn wird.
Diese wichtige Wahrheit ist es, die wir
nun in ihr gehöriges Licht setzen wollen.
Unsre Wirthschafter rechnen überhaupt für
die Sommerweide einer Milchkuhe von
mittelmäßiger Grösse ein Stück Land von
4 Morgen, jeder zu 36000 Rheinischer
Quadratschuhen; und noch muß dieses
Stück recht gut seyn, wenn es vom 10ten
May bis auf die Mitte des Weinmonats
hinlangen soll. Wir wollen diese Propor-
tion pro Basi unsrer Rechnung annehmen,
und dem zufolge setzen, ein Wirthschafter
nähre

nähre auf seinem Landgut sowohl zu Sommers- als Winterszeit 20 Stücke Hornvieh. Dieses ist vielleicht eine Mittelzahl, die die schicklichste ist, grössere und kleinere Besitzungen nach diesem Maaß zu berechnen.

Zum nöthigen Weidgang dieser 20 Stücke werden also 80 Morgen Weidlands erfordert, die in verschiedene Einhägungen abgetheilt werden müssen, damit das Vieh solche wechselsweis abätzen, und inzwischen die abgeweideten Stücke sich wieder begrasen mögen. Ich bemerke im Vorbeygehen, daß dergleichen Scheidhäge nicht ohne beträchtliche Kösten gemacht und alljährlich erhalten werden; ist aber anstatt dieser Scheidhäge ein Hirt dabey, so ist dessen Nahrung und Lohn billig an Rechnung zu stellen.

Gesetzt nun, daß eine solche Weide von den Ställen allzuentfernt läge, als daß

daß das daselbst wachsende Gras des Tages zweymal abgeschnitten, und zur Fütterung dergleichen Anzahl Viehs füglich nach Hause geführt werden könnte; was hinderte denn, daß in solchem Fall in der Mitte dieser Weide eine etwa 40 Schuhe lange und 24 Schuhe breite, auch im Nothfall nur von Buschwerk ausgeflochtene, und nur mit Moos oder Stroh bedeckte Schatthütte errichtet werde, in welcher, gleich in einem Stalle, das Vieh durch den Frühling, Sommer und Herbst hinlänglich geschirmet seyn, und daselbst mit dem frischen Weidgrase, gleich als in einem wohlgebauten Stalle gefüttert, auch von da aus Morgens und Abends zu der Tränke getrieben werden könnte! Wem bekannt ist, welch eine erstaunliche Menge Grases von dem Vieh beym Weiden zertreten, oder auch nur durch sein Anschnauben verdorben wird, der begreift in

einem

einem Augenblick, daß zu Erhaltung dieser 20 Stücke in ihrer Schatthütte bey weitem nicht die völligen 80 Morgen einzugrasen nöthig wäre, sondern daß ein grosser Theil dieses Weidlandes zum Heumachen übrig bleiben müßte, wenn auch gleich auf diesem Grundstücke keinerley Verbesserung vorgenommen worden wäre. Erster Vortheil, der vermuthlich die Kösten der Erhaltung zweyer Sommerknechte, die zur Besorgung des Viehes auf diesem zur Zeit noch magern Stück erforderlich sind, vollkommen ersetzen müßte.

Dieser Gegenstand des Eingrasens, oder der Sommernahrung des Viehes im Stalle mit grünem Futter, ist für den Landmann in verschiedenen Absichten so wichtig, daß wir hier nothwendig stille stehen, und denselben sorgfältig behandeln müssen. Noch sehr wenige Gegenden sind, wo dieses Verfahren gründlich bekannt ist,

und

und mit gehöriger Achtsamkeit betrieben wird. Bey allen Kennern dieser Stallfütterung am Grünen ist es ausgemacht, daß auch auf einer schlechten und magern Wiese vermittelst dieses Eingrasens vier Stücke Vieh ausgehalten werden können, wenn bey dem Abweiden kümmerlich 3 Stücke daran ihre zulängliche Nahrung finden. Dieses Verhältniß ist, wie leicht zu begreifen, noch stärker zum Vortheil des Abmähens, je fetter und grasreicher die Wiesen sind.

Damit aber gar kein Zweifel übrig bleibe, daß in jeder Absicht die Stallfütterung mit grünem Gras jeder andern vorzuziehen sey, so muß noch untersucht werden, wie das Gewicht des grünen und dürren Futters sich gegen einander verhalte, und wie viel von jedem für die Nahrung eines Stück Viehs erfordert werde.

Ueber-

Ueberhaupt ist mir aus wiederholten Proben bekannt:

1. Daß 1000 Pfund grünen Klees, der zu der Zeit, da die Blumen anzustoßen anfangen, abgeschnitten wird, vollkommen gedörrt bis auf 200 Pfund eingehen. Dieser Klee ist eine der saftigsten Pflanzen, und also eine von denen, welche bey dem Dörren am meisten von ihrem Gewichte verlieren.

2. Ist richtig, daß eine mittelmäßige Melkkuhe, durch den Frühling Sommer und Herbst, durch und durch in 24 Stunden bey der Stallfütterung 150 Pfund grünen Klees frißt.

3. Daß hingegen die gleiche Kuhe in den Wintermonaten mit 25 Pfund dürren Klees hinlänglich gefüttert wird.

Es scheinet also nach dieser Berechnung als wenn ein sechster Theil mehr Futter am Grünen verzehrt würde. Allein es ist eben so so richtig und ausgemacht, daß in den langen Sommertagen, zweifelsohn wegen der stärkern Ausdünstung, das Hornvieh überhaupt wenigstens einen fünften Theil Nahrung mehr nöthig hat, als in der Winterszeit; so daß dieser bey dem ersten Anblick anscheinende Schaden der grünen Fütterung nicht nur ersetzt wird, sondern noch wenigstens ein dreyßigster Theil zu ihren Gunsten vorschiesset. Dieses ist auch um so da leichter zu begreifen, da durch das Dörren mit den wässerichten Theilen des Grases sich zugleich eine Menge der allerfeinsten Salze verflüchtigt und verlohren geht; wie solches der bey dem Heumachen sich verbreitende Geruch sattsam bestätiget.

Zu diesen verschiedenen so wichtigen Vortheilen setzen Sie, mein Herr, noch hinzu, daß man bey der grünen Stallfütterung keine Gefahr läuft, durch widrige Witterung unschmackhaftes, ja öfters ganz
ver-

verdorbenes Futter auf den langen Winter einzusammeln; daß der Sommerdünger weit kräftiger ist, als der Winterdünger, daß er schon im Herbst gebraucht werden kann, und daß er also allerwenigstens 6 Monate eher an Nützung kömmt, als wenn das gleiche Gras zu dürrem Futter gemacht worden wäre. Endlich ist eben so richtig, daß wir mit dem frischen Gras bey der Fütterung des Viehes mehr ausrichten, als wenn solches zu Heu oder Grummet gemacht wird. Das Mastvieh wird dabey in kürzerer Zeit fetter, die Kühe milchreicher, das Geltenvieh nimmt augenscheinlich besser zu; nur ist wegen der purgativen Kraft des Grases zu beobachten, daß für das Zugvieh etwa der dritte Theil Heu, oder wo dieses mangelt, so viel weiches Stroh unter das grüne Futter gemischt werde.

Es bleibt also aus allen obigen Betrachtungen nach meinen Begriffen als ein
wirth-

wirthſchaftlicher Hauptſatz, unwiderſprechlich feſt, daß das Heumachen nur in ſo weit rathſam und nützlich ſey, als ſolches zur Fütterung im Winter und bey naſſen Sommertagen dem Landmann unumgänglich nöthig iſt, oder derſelbe das friſche Gras zu verfüttern nicht Gelegenheit hat.

Noch einen andern Beweis der grünen Stallfütterung, den weder die Weidfahrt noch ſelbſt die dürre Fütterung jemals im gleichen Grad verſchaffen können, gehe ich hier vorbey und verſchiebe es, deſſelben zu gedenken, bis auf einen meiner folgenden Briefe, da ich den Dünger abhandeln werde ꝛc. ꝛc.

Bern den 15ten Hornung 1773.

T.

Dritter

Dritter Brief.

In meinem letzten Briefe habe ich Ihnen, mein Herr, die Vortheile beschrieben, welche unmittelbar aus der Stallfütterung bey grünem Gras entstehen. Will man aber dabey glücklich fahren, so rathe ich, nachstehende Beobachtungen ja nicht ausser Acht zu lassen.

1. Die Viehställe müssen nicht zu niedrig, das ist, sie müssen 7 bis 8 Schuhe hoch, und dabey geräumig genug seyn, daß das Vieh nicht zu dichte stehe, und sich gemächlich lagern könne. Ist es grosser Art wie bey mir, so wird eine Breite von drey und einem halben bis vier Schuhen für jedes Stück nicht zuviel seyn. An jedem Ende des Stalles sey derselbe mit Thüren versehen, welche die Luft frey durchstreichen lassen. Die Füllungen dieser Thüren können von hölzernen Stäben mit

mit eingeflochtenem Stroh oder von starkem Eisendrath verfertiget werden. Dieser Eisendrath zu einem etwas engen Gitter geflochten, hält viel fliegendes Ungeziefer von dem Vieh ab.

2. Reines Stroh zur Streue muß das Vieh vollauf haben, und der Stall in jeder Woche wenigstens zweymal gesäubert werden. Ist die Sommerhitze gar zu groß, so muß es jeden zweyten Tag geschehen; je weniger dumpfigt der Stall ist, je besser wird das verschiedene Vieh gedeyhen. Bey diesem öftern Ausmisten aber wird freylich der Dünger um etwas weniger kräftig seyn.

3. Man tränkt das Vieh des Morgens frühe und Abends spät bey frischem Wasser, aber erst nachdem es völlig gefüttert worden ist.

4. Man füttere das Vieh des Morgens, Mittags und Abends, und vergesse ja nicht, ihm des Morgens und Abends sein Futter in

vier bis fünf Portionen abzutheilen, und es nach jeder genossenen Portion etwa eine Viertelstunde an der leeren Rauffe stehen zu lassen. Keine Zeit ist bey der Viehfütterung minder verlohren, als diese. Zu Mittag wird nur die halbe Fütterung gegeben, welche also ohne Nachtheil anstatt in 4, nur in 2 Portionen gereicht werden kann.

5. Man mähe das natürliche Gras niemal allzujung oder unreif ab, sondern erst alsdann, wenn die frühern Grasarten ihre Blumen zu verlieren anfangen. Künstliche Grasarten aber fange man erst abzumähen an, wenn sie ihre Blumenknöpfe gesetzt haben. Diese Vorsichtigkeit verhütet, eben wie die Achtsamkeit auf die zween nächst vorhergehenden Punkte, die sonderlich im Anfange der Grasfütterung sich zuweilen bey dem Vieh äussernden Blähungen, und den zwar minder gefährlichen

Durch-

Durchfall. Eben in dieser Absicht kann auch, in den ersten Tagen der Fütterung mit Gras, solches mit Heu vermischt, und hiedurch das Vieh allmählig an das blosse grüne Futter gewöhnt werden.

6. In gleicher Absicht hüte man sich im Regen, oder wenn das Gras noch sehr naß ist, einzugrasen. In solcher Zeit muß sich das Vieh mit dürrem Futter begnügen. Je fetter das Gras ist, desto nöthiger ist auch die Beobachtung dieser Regel; doch habe ich im Nothfalle, wenn sonderlich für die Milchkühe kein recht guts Heu vorräthig war, mehr als einmal Schmielen (gesäete Fenasse, Gramina avenacea) im Regen einsammeln, mit der Heugabel wohl schütteln, und dann dem Vieh, obschon noch feucht, ohne Nachtheil vorlegen lassen.

7. Fällt am Morgen ein starker Thau, so warte man mit dem Eingrasen, bis

Wind und Sonne solchen zum Theil aufgetrocknet haben. Am Abend ist die beste Eingrasungszeit eine bis zwo Stunden vor Sonnenuntergang. Niemals aber grase man ein bey großer Tageshitze; die Pflanzen sind dannzumal welk und dem Viehe weniger angenehm. Am Morgen wird für den Mittag und Abend, am Abend aber für den folgenden Morgen eingegraset.

8. Dem Mäder folget jederzeit die Hucke auf dem Fuße nach; das Gras wird alsobald auf einen Karren geladen, und in der Tenne so dünn als möglich ausgebreitet. Fettes Gras, das auch nur wenige Stunden dicht auf einander liegt, wird warm, und fängt würklich zu gähren an, so daß es für das Vieh eben so unschmackhaft, als dessen Gesundheit schädlich wird.

Ja

In der Schweiz wird diese Arbeit des Eingrasens als ein solches Nothwerk angesehen, daß weder Sonntag noch Feyertag den Landwirth davon abhält. Mir ist auch nicht ein einziger hiesiger Geistlicher bekannt, der jemals weder öffentlich noch bey besondern Anlässen darwider geeifert hätte.

Sollte nun, aller Beobachtung obangeführter Regeln ungeachtet, dennoch wiederfahren, daß etwa ein Stück Vieh aufgeblähet würde; ein Zufall, der sehr oft und schnell tödtet, wenn nicht schleunig geholfen wird, so haben wir darwider ein Mittel, das meines Wissens niemals fehlschlägt, und jeder Landmann bey der Hand hat. Er giesse dem kranken Vieh etwa 3 bis 4 Pfund frischgemolkene Milch von einer gesunden Kuh laulicht ein, und lasse dasselbe alsobald darauf ausser dem Stall herumführen. In sehr wenigen Minuten wird

wird das Thier völlig genesen seyn. Man lasse es dann, um mehrerer Sicherheit willen, etwa 8 bis 9 Stunden ungefüttert, und lege ihm ein paarmal nachher anstatt frischen Grases nur Heu vor, so ist alle Gefahr vorüber.

Dieses so einfältige als unfehlbare Mittel sind wir der königl. ökonomischen Gesellschaft zu Tours schuldig, aus deren gedruckten Sammlung wir solches vor einigen Jahren entlehnt, und seither mit gröstem Nutzen gebraucht haben. Mit Freuden bediene ich mich des gegenwärtigen Anlasses, dieser erleuchteten Gesellschaft meine und meiner Landesleute äusserste Dankbarkeit dafür zu bezeugen.

Sehr oft ist dieser Zufall meinem Vieh begegnet; immer habe ich aber beym Nachforschen erfahren, daß solcher einzig der Nachläßigkeit des Viehknechts zuzuschreiben gewesen, der das Gras nicht dünne genug
ausge-

ausgebreitet, und in der Tenne sich hat erhitzen lassen. Nur eine einzige Melkkuh habe ich einmal gehabt, die ungeachtet aller Sorgfalt nicht selten von diesem Uebel sowohl bey dürrem als grünem Futter befallen worden; dieses ist aber etwas ausserordentliches, davon mir sonst kein Exempel bekannt ist.

Der Durchfall ist eine andre Krankheit, die zuzeiten bey der Grasfütterung sich merken läßt; sie ist aber nicht gefährlich, und so viele sichere Mittel sind darwider jedem Landmann bekannt, daß ich deren billig geschweigen soll.

Alles, mein Herr, was ich Ihnen bisheher hauptsächliches gesagt habe, um die Vorzüge der grünen Stallfütterung vor dem Weidgang zu beweisen, bezieht sich indessen einzig auf eingeschlossenen eigenthümlichen Weidboden. Offene Stoppelbrach, oder andre Weiden, wo eine Menge Antheilhaber, ja ganze Dörfer und Kirchgemeinden, gemeinschaftli-

ches

ches Recht an der Nutzung haben, gehören gar nicht in diesen Plan.

Auf den Feldern ist dieser Vorschlag schlechterdings unmöglich; und wer wollte so viel Köpfe unter einen Hut bringen, wenn es um eine ganz neue bey ihnen zuvor unerhörte verhältnißmäßige Benützung eines solchen gemeinen Stückes Weidland zu thun wäre?

Soll das Eingrasen auf solchem Boden, der zuvor lediglich geweidet worden, von Jahr zu Jahr an Erträglichkeit zunehmen, wie besser unten zu sehen seyn wird, so gehöret dazu einige Mühe und Sorgfalt. Ist das aber von ganzen Dorfschaften jemals zu hoffen? Man besehe den gegenwärtigen Zustand dergleichen Gemeinweiden und urtheile! Res communes, res universitatis, sunt res nullius. Niemand bekümmert sich um den gemeinsamen Schaden; gut geht es noch, wen nicht jeder ein Stück vom Zaune reißt.

Könnten

Könnten sich dergleichen Communitäten einmal entschliessen, mit herrschaftlicher Einwilligung, je nach Bewandtniß der Umstände, ein solches tragbares, aber übel besorgtes Land, unter ihre Glieder zu vertheilen, und jedem seinen Antheil unter schicklichen Einschränkungen zu überlassen; wie bald würde sich der Ertrag, wie augenscheinlich würde er sich vervielfältigen, und ganze Dorfschaften dadurch eine andre Gestalt gewinnen! Wir haben dessen in meinem gesegneten Vaterlande Beyspiele, die allen Glauben derjenigen übersteigen, die davon keine Erfahrung haben.

Ist einmal das Eigenthum, dieses in den Ohren eines jeden Menschen so lieblich klingende Hauptwort, dem Landmann wenigstens auf Lebenszeit versichert, so kostet ihn, wenn er einmal haushälterisch ist, weder Arbeit noch Fleiß.

Moorichtes Erdreich wird aufgetrocknet; das mit Hecken und Stauden bewachsene urbar gemacht. Getreide, Wurzeln von allen Arten, wachsen freudig in dem zuvor niemals umgebrochenen Boden, der bisher nichts nutzbares, als schlechte, dünn stehende Grashalmen getragen hatte.

Auf diese edlern Früchte folgen öfters, auch ohne Verbesserung des Bodens, Esper, rother Klee, und dergleichen Futterkräuter reichlich, wenn solche nur mit behöriger Sorgfalt gesäet werden. Die Eingrasung und der Heuschober vermehren sich, und mit ihnen der Dünger, die Hauptstütze des Ackerbaues und der ländlichen Wohlfahrt.

Dieser letztere Gedanke führet uns zu dem andern Theil unsrer Frage: ob nämlich auch in Absicht auf den Dünger die Stallfütterung dem Weidgang vorzuziehen sey? Ich verspare dieses auf meinen nächsten Brief, den Sie von mir in kurzem erhalten

erhalten werden, wenn meine Geschäfte mir hiezu die nöthige Zeit lassen. Ich verbleibe inzwischen ꝛc.

Bern, den 18ten Hornung
1773.

T.

Vierter Brief.

Da niemand an der Richtigkeit der Sache selbst zweifeln kann, daß nämlich ungleich mehr Dünger da gesammelt werde, wo solcher das ganze Jahr durch zusammengelegt, als da, wo er von dem Vieh manchen Monat hindurch auf den Weiden zerstreuet wird, so muß dieser Satz dahin verstanden werden: ob es gleichgültig sey, wenn der Abfall vom Hornvieh achtsam besorget

beſorget und an Haufen geſchlagen, oder aber auf der Weide von demſelben hie und da zerſtreuet werde.

Das in England durchaus eingeführte und auch in andern Ländern zu Zeiten verſuchte Pferchen der Schaafe zu Düngung der Weiden und Felder könnte zwar über dieſe Frage einigen Zweifel erwecken; allein ohne meine längſt gehegte Vermuthung zu äuſſern, daß dieſes, ungeachtet aller erhaltenen Lobſprüche, nicht die beſte Weiſe ſey, den ſo ausbündig kräftigen Schaafdünger zu nützen, wird es wohl um dieſen Zweifel zu heben genugſam ſeyn, zu bemerken, daß ſich das Hornvieh auf der Weide nicht wie die Schaafe zuſammendrängen und in einen ſo kleinen Raum zwingen läßt, daß jeder Fleck dieſes Raums gleich bedünget werde. Jeder Bauer weißt, daß dieſes nicht angehe. Ich behaupte alſo die Frage, ſo wie ſie nun erläutert worden,

worden, zuverſichtlich mit Nein. Miſt und Harn in dem erſten Zuſtande, wie ſie von dem Vieh abgehen, düngen ſehr ſchlecht; ſie ſind vielmehr geſchickt, Saamen und Gewächſe, ja ſogar junge Bäume zu verderben, oder, wie es der Landwirth nennt, zu verbrennen, wenn ihnen dergleichen roher Dünger zu nahe kömmt. Dieſe anfänglich böſe Eigenſchaft rühret unſtreitig von den vielen ſcharfen und ſauren Theilen her, die ſich dannzumal darinn befinden, und ein Hauptſtück ihres Beſtandweſens ausmachen. Sonderlich bey den hitzigen Arten des Düngers, als von Pferden, Eſeln, Schaafen, braucht es keiner Chimie, ſondern des bloſſen Geruchs, um ſich deſſen bey dem Ausmiſten ihrer Ställe kräftig überzeugen zu laſſen. Nun iſt männiglich bekannt, und durch die vielfältigen Erfahrungen des um den Landbau hochverdienten Schottländers Home un-

wider-

widersprechlich dargethan, daß alles uns bekannte, sowohl mineralische als vegetabilische Saure für sich selbst der Vegetation äusserst zuwider sey. Und welcher Landmann kennet nicht die Unfruchtbarkeit der Aecker, die eine eisen- oder vitriolhältige Erde zum Grund haben, bis solche durch Mergel, Kalkasche, oder eine Menge des bestverfaulten Düngers nach und nach ist gebändiget worden. Erst wenn dieser Abfall vom Vieh durch die Gährung in die Fäulniß übergegangen ist, und solche zum grösten Theil überstanden hat, wird er tüchtig, den verschiedenen Pflanzen eine gesunde stärkende Nahrung mitzutheilen. Woher rührt wohl dieses? Durch die Beobachtungen eines in der Scheidekunst erfahrnen Freundes habe ich mich belehren lassen, daß durch die verschiedenen Stuffen der Gährung dieses Saure sich zum Theil verflüchtige, zum Theil aber ganz gewiß in ein Alkali verwandle.

le. Eine Wahrheit, welche durch den nun gänzlich veränderten Geruch des vorhin so sauer und scharfriechenden, nun aber verfaulten Viehdüngers bestätiget wird.

Ich behaupte jedennoch keineswegs, daß der fruchtbarmachende Dünger lediglich vermittelst seiner alkalischen Theile das Wachsthum befördere, obschon Kalkasche, Mergel, und andre dergleichen Verbesserungen den Anlaß geben möchten, solches einigermaßen zu vermuthen. Zweifelsohne sind darinn würklich eben so viele oder noch mehrere Mittelsalze oder Oele verborgen, die dazu das ihrige reichlich beytragen. Dessen aber bin ich gänzlich überzeugt, daß die sauren Salze oder Geister in dem Mist, sonderlich aber im Harn, völlig zerstört seyn müssen, ehe derselbe seine gänzliche Düngungskraft ausüben kann. Diese Zerstörung aber kann nicht anders bewürket werden, als durch die Fermentation und die darauf folgende Fäulung. Nun weiß man,

daß

würklich der Anfang der Gährung merklich
äussern; und dann ist die Zeit da, den
Kanal zu leeren, und anderm Wasser Platz
zu geben. Es wird also unten der Kanal
geöfnet und in den nächst daran stossen-
den Kasten abgeführt, welcher jederzeit mit
2 Zoll dicken Brettern wohl bedeckt bleibet.
Es wird wohl unnöthig seyn zu melden, daß
solcher, eben wie die vorigen Behältnisse, also beschaffen seyn müsse, daß von diesem reichen Dünger, so wenig als möglich, verloren
gehe. In diesem Kasten, der von beliebiger
Weite, aber nicht tiefer als etwa 5 Schuhe
seyn darf, wird der Quark wohl gerührt, damit alles klein werde; und so wird er nach
und nach angefüllt, da dann während dieser
Zeit alles in völlige Gährung geräth.

Aus diesem Kasten wird alsdann die Gauche in einen andern transportirt, mit der
Hälfte gemeinen Wassers gemischt, und etwa
3 Wochen in Ruhe gelassen; da dann dieser

E   Dünger

Dünger zum Gebrauche völlig fertig ist, und nun auf allem Erdreich, und zu allen Arten von Gewächsen mit dem besten Erfolge verwendet werden kann.

Von diesen letztern Kästen muß man immer wenigstens zween haben, deren jeder zweymal so groß seyn muß, als derjenige, in welchem die Gauche anfänglich aus dem Stalle abgeführt worden ist, und auch diese müssen immerhin mit Brettern bedeckt bleiben. Wider das Einfrieren der Gauche im Winter findet sich ein sehr einfältiges Mittel; man bedecke die Bretter, die über das Behältniß gelegt sind, etliche Zölle hoch mit Kies oder Sand, so wird aller strenge Frost abgehalten.

Niemals thut dieser Dünger weniger Würkung, als wenn der Boden hart gefroren und zugleich mit keinem Schnee bedeckt ist; ist aber Schnee vorhanden, nnd die Erde gefroren, so wähle man diese Zeit, die Gauche auf angesäete magere Aecker

Aecker zu bringen. Ist hingegen der Boden weich, so wird sie zu allen Jahrszeiten auf Wiesen gefahren: doch niemals, wenn das Gras würklich einige Höhe erlanget hat, zumal solches dem Viehe, es sey dürr oder grün, eckelhaft seyn würde.

Zweyhundert Eimer, jeder Eimer zu 100 Pfund gemeinen Wassers gerechnet, sind hinlänglich, einen Morgen Kornfeld auf ein Jahr lang zu bedüngen. Ein Morgen Wiesen erfordert das doppelte. Jedes Stück erwachsenes Hornvieh aber verschaffet nach dieser Methode beynahe zween Eimer des Tages, folglich über 600 Eimer des Jahrs, wenn das Vieh beständig im Stalle gehalten wird. Zu ordentlicher Austheilung der Gauche auf meinem Lande bediene ich mich gemeiner, ungefähr 10 Eimer haltender Fässer, die auf eigentlich dazu verfertigten Karten festgemacht sind. Oben ist ein grosses geviertes Loch zum Eingiessen, welches unter dem Fahren mit einem

nem Deckel verwahret ist; hinten im Boden des Fasses ist ein großer Hahn, und unter diesem ein hölzerner, etwa ein Schuh breiter, im Boden mit vielen Löchern überall durchborter, offener Kasten angebracht. Seine Länge ist just so groß, als die Entfernung der hintern Räder, so daß die äusserste Wagenleiste immer richtig anweiset, wo man mit dem Begiessen gelieben sey. Ist der Fuhrmann auf diesem Fleck, so treibt er sein Zugvieh sachte an, und öfnet zugleich den Hahnen, da dann das Land, durch den gebohrten Kasten, gleich als mit einer Gärtnerkanne, begossen wird. Auf dem gefrornen Acker und der ungefrornen, aber ebenen, doch nicht sumpfigten Wiese, ziehet ein mittelmäßiges Pferd oder ein Ochs einen solchen beladenen Karren ohne Mühe.

Man sollte meynen, daß bey einer solchen erstaunlichen Menge Gauche der Strohdünger nothwendig sowohl an Menge als an Güte nahm-

nahmhaft leiden müßte. So wahrscheinlich dieses immer jedem Landwirth vorkommen muß, der die Sache nicht selbst erfahren hat, so ist es dennoch ein gänzlicher Irrthum. Wird der Strohdünger so behandelt, wie besser oben angezeigt worden, so wird nicht nur dessen wenigstens eben so viel vorhanden seyn, als wenn keine Gauche wäre gemacht worden, sondern er wird an Güte dem gewöhnlichen Dünger ganz gewiß nichts nachgeben. Dieses rührt unstreitig daher, daß jeder Strohhalm mit fetter Mistgauche angefüllet ist, die er in dem Kanäl eingesogen hat, so daß der ganze Misthaufe einem gleichförmigen Grad der Fäulniß unterworfen ist; ein wichtiger Vortheil, der ohne dieses Einweichen des Strohs in der Gauche niemals erhalten werden wird.

Das, was man wider dieses Verfahren einwenden könnte, bestehet meines Erachtens einzig:

E 3   1) In

1) In der mehrern Mühe, die diese Arbeit erfordert.

2) In der kurzen Dauer der Gauche als Dünger, da sie würklich mehr nicht als ein Jahr lang Düngung hält.

3) In dem Verbrauch mehrern Strohs.

Wider den ersten Einwurf habe ich nichts zu sagen, als daß derjenige, der ein wenig mehr Arbeit scheut, um seinem Lande eine Hauptverbesserung zu verschaffen, zu dieser Art von Wirthschaft nimmer taugen wird.

Der zweyte Einwurf ist gegründet; die Gauche dauret in der That in ihrer Würkung mehr nicht, als ein Jahr lang; man bedenke aber, daß solche ohne Nachtheil des Strohdüngers, bey gleichem Viehstande, alljährlich widerkömmt, und wegen ihrer Menge dem Produkt des Strohdüngers beynahe gleich zu schätzen ist; dieser hält gewöhnlich 3 Jahre lang Düngung. Allein wenn von einem Stück Hornvieh, nach dem gemeinen Verfahren, selbst

selbst bey der Stallfütterung, jährlich 12 Fuder Dünger zu 40 Cubikschuhen erhalten werden, welches das höchste ist, so reichen diese 12 Fuder weiter nicht, als zu Bedüngung eines Morgens. Hingegen erhalte ich vermittelst dieser angerathenen Methode, neben den 12 Fudern Strohdünger annoch 600 Eimer Gauche; diese reichet vollkommen auf 3 Morgen Acker zu, kömmt alle Jahre wieder, und ist also, wie anfänglich gesagt worden, am Werth dem Strohdünger gleich.

Der dritte Einwurf hat gleichfalls seine Richtigkeit. Beynahe wird das erforderte mehrere Stroh sich auf den dritten Theil belaufen; was ist aber dieses gegen die doppelt vermehrte Menge des Düngers? In Kornländern sonderheitlich ist dieser Einwurf bey auch nur mittelmäßig vermöglichen Landleuten von keiner Erheblichkeit; und der ärmere kann sich allfällig mit Tannen- und Fichtenreisern, Farnkraut und allerhand Laub, nur

das

das von Buchen ausgenommen, glücklich aushelfen. Alle diese Streuarten geben, wiewohl etwas langsamer, einen recht tüchtigen Dünger. Zudem kann dieser Mangel niemals lange dauren. Bald wird der mehrere Dünger reichere Erndten, und also auch mehreres Stroh verschaffen.

Ist nun das Angebrachte aus langen Erfahrungen untrüglich richtig, wenn das Vieh Jahr aus Jahr ein, zwar nicht an nahrungslosem Stroh, sondern an genugsamem grünen und dürren Futter im Stall gehalten wird; so ist auch richtig, daß dieses Verfahren gleich in den ersten Jahren, mit äusserst geringem Aufwand, den Dünger eines jeden Landguts verdoppelt, daß diese Verdoppelung die Erndten von allen Arten nothwendig und merklich vermehrt, und daß diese Vermehrung hinwiederum jeden Jahrs eine grössere Menge Dünger verschaffet.

Welch

Welch ein mächtiger Vortheil, den sich der Arme auf seiner eingeschränkten armseligen Besitzung, eben wie der Reiche auf seinen weitläuftigen Ländereyen, verschaffen kann!

Der Nutzen dieses Verfahrens ist in seiner immer steigenden Progreßion erst dannzumal zu berechnen, wenn man erfahren hat, wie hoch die mögliche Fruchtbarkeit des in seinen Bestandtheilen so verschiedenen Erdreichs sich treiben lasse. Sollte man sich also wohl irren, wenn man glaubte, diese an sich so einfältige Erfindung sey die wichtigste, die in der Landwirthschaft seit langen Zeiten zum allgemeinen Besten gemacht worden ist? Hiermit empfehle ich mich Ihnen bestens, und verharre 2c. 2c.

Bern, den 26ten März 1773.

T.

Vom
Kleebau in der Schweiz.*)

Es haben verschiedene Liebhaber geglaubt, daß eine kurze Abhandlung von dem Anbau des rothen holländischen Klees, von seinem Verhältnisse gegen andre künstliche und natürliche Wiesen, und von dessen Behandlung bey dem Dürrmachen und Einsammeln, als ein Anhang zu den jüngsthin bekannt gemachten Briefen über die Stallfütterung, von nicht geringem Nutzen seyn könnte.

Diese Hofnung hat den gleichen Verfasser bewogen, mit möglichster Einfalt und Faßlichkeit, zum Besten der Landwirthe hier dasjenige beyzusetzen, dessen er, in diesem wich-

---

*) Von Hrn. Tschiffeli.

wichtigen Stücke des Landbaues, durch eine lange Erfahrung und sorgfältige Beobachtung belehret worden ist.

In den vorhergehenden Briefen ist, wie man glaubt, völlig erwiesen worden, daß die Stallfütterung dem Weidgang, und die Stallfütterung mit Gras der Stallfütterung mit Heu, in verschiedenen Absichten vorzuziehen sey. Jetzt wollen wir noch zeigen, daß bey der grünen und dürren Stallfütterung der gesäete rothe holländische Klee allem gemeinen Wiesengras, sowohl wegen der Nahrungskraft als wegen der Menge, weit vorgehe. Bey diesem Anlaß werden wir kürzlich unsere Gedanken von den übrigen hier zu Land üblichen künstlichen Wiesen beyfügen, und mit dem Anbau und der Behandlung dieses fürtreflichen Kleefutters unsere Abhandlung beschliessen.

Um mehrerer Deutlichkeit willen setzen wir hier voraus den eigentlichen Betrag der Gewich-

Gewichte und Maſſen, die hier vorkommen werden.

Der Schuh iſt der Berneriſche: dieſer verhält ſich zum Rheiniſchen, wie 100 zu 105, und iſt alſo um 5 auf 100 ſchwächer.

Eine Jauchart oder ein Morgen hält 36000 Schuhe.

Ein Mäß oder Kornmaas iſt ein halber Cubikſchuh.

Ein Mütt 12 Mäſſe.

Ein Klafter Heu hält in alle wege 6 Schuhe oder 216 Cubikſchuhe. An Gewicht ungefähr 10 Centner.

Ein Pfund hält 17 Unzen Markgewicht.

Ein Centner wiegt 100 Pfund.

Es iſt niemand unbekannt, daß die verſchiedenen Kleearten, ſowohl grün als gedörrt, das beſte, nährhafteſte und milchreichſte Futterkraut unſrer Wieſen ausmachen. Matten, die dergleichen von Natur

tur in Menge darbieten, werden eben deswegen in erstaunlich hohem Preis bezahlt. Von diesen Arten aber ist keine, die zugleich wegen der Menge und Höhe der Stengel und Aeste, auch wegen der Grösse und Menge ihrer Blätter und Blumen, dem rothen holländischen Klee gleichkäme.

Freylich haben wir auch in unsern guten Wiesen den rothen Klee häufig. Es ist aber eine andre und zwar in alle wege kleinere Art als der holländische. *) So sett immer der Boden

---

*) „Die besten Kleesaamen bekommt man gewöhnlich aus den Niederlanden und aus Flandern; und ich wollte den Landleuten rathen, ihn allezeit aus diesen Gegenden kommen zu lassen. Eine jede Pflanze hat ihren eigenen Boden, und ihr eigenes Clima, wo sie und ihr Saamen zu der grösten Vollkommenheit gelangt. Jene Länder scheinen der eigentliche und natürliche Boden des Klees zu seyn, und der Saamen, der aus denselben herkommt,

den seyn mag, so wird er doch niemals unsern einheimischen rothen Klee in solcher Grösse hervortreiben.

Hingegen aber ist eben so gewiß, daß der allhier im Land gezogene holländische Kleesaamen, wenigstens im erstenmal, keineswegs ausartet, und eben so reichliche und eben so mächtige Pflanzen hervorbringt, als wenn er gerade aus Holland wäre gezogen worden.

Der Verfasser hat davon aus den Gegenden von Lausanne und Morsee erhalten, und denselben im grossen mit dem besten Erfolg ausgesäet.

Ist nun aus beständiger Erfahrung richtig, daß der holländische rothe Klee, eben wie die

---

kommt, wird auch der vollkommenste seyn und die vollkommenste Pflanze hervorbringen, da hingegen der unsrige einigermassen abgeartet ist."

Diesen wichtigen Rath giebt Herr Pfr. Stapfer im 4ten Stück des 3ten Jahrgangs der Berner ökonom. Abhandl. 1762. S. 81.

die einheimischen Kleearten, eines der allerbesten Futterkräuter ist, und unter diesen wegen seiner vorzüglichen Grösse die reichsten Erndten liefert, so fragt sich nur noch dieses, ob er jährlich auf dem gleichen Stück Landes mehr ertrage, als wenn solches eine natürliche Wiese gewesen wäre?

Zum voraus müssen wir festsetzen, von welcher Art Wiesen oder Mattland hier die Rede sey.

Zum ersten setzen wir hier beyseits alle Sümpfe, da nichts als Schilf, Benz und andres untaugliches saures Gras wächßt; solch armseliges Land verdienet nicht einmal den Namen einer Wiese. In diesem würde der Klee so wenig als andre gesunde und nährhafte Futterkräuter fortkommen.

Für das zweyte gehören nicht hieher die sogenannten Lagermatten, die niemals unter den Pflug kommen, sondern vermittelst einer

natür-

natürlichen oder künſtlichen Bewäſſerung ihre Fruchtbarkeit beſtändig beybehalten.

Auch reden wir drittens nicht von den Alpen, deren hohe und öfters ſteile Lage nicht erlaubet, daß ſie gepflüget und anders als zum Weidgang genützet werden.

Die Frage iſt alſo hier nur von trocknen Wieſen, die gewöhnlich des Jahrs zweymal gemähet, und dann noch im Herbſt von den meiſten Landwirthen, zwar zu ihrem offenbaren Schaden, abgehütet werden; es ſey nun, daß man dergleichen Matten von Zeit zu Zeit bedünge, oder aber, wie bey Bern herum gebräuchlich iſt, je von 4 zu 4 Jahren umbreche, zwey Jahre nach einander bedünge und mit Getreide beſäe, und dann wieder auf 4 Jahre lang zu Gras liegen laſſe.

Der Bauer wie der Herr ſind einſtimmig, daß ein Morgen Matten, ſo jährlich im Durchſchnitt ein und ein halbes Klafter wohlgeſeſſenes dürres Futter an Heu und Emd (Grummet)

met) liefert, von mittelmäßiger Ertrag sey. Zwey Klafter jährlich sind schon weit seltener, und drey Klafter ist das höchste, was eine trockne Matte abwerfen kann, wenn der an sich selbst fruchtbare Boden nicht noch darüber ganz ausserordentlich begeilet wird.

Nehmen wir das Mittel, folglich 2 Klafter auf das Jahr, an, so macht dieses an Heu und Emd ungefehr 20 Centner.

Diese 20 Centner erhalten eine Milchkuh von mittlerer Grösse 80 Wintertage lang. Kein Senn oder Küher, *) der

doch

---

*) Ein Küher ist bey uns der Eigenthümer einer Anzahl Kühen, deren Nahrung er sowohl im Sommer als im Winter von den Landwirthen pachtet. Der Landwirth giebt ihm gewöhnlich weiter nichts als das Futter, samt einer schlechten Wohnung und der nöthigen Stallung auf dem Gut. Der von dem Vieh des Kühers fallende Dünger bleibt dem Herrn des Guts, der aber dazu das gehörige Stroh hergiebt.

doch das Winterfutter sehr theuer bezahlt, wird mit wenigerm auskommen, wenn er sein Milchvieh hinlänglich durch den Winter bringen will. Man

---

Das dürre auf dem Gut selbst verätzte Futter bezahlt sich sehr verschieden, je nachdem es guter Art ist, und der Küher seine Milch mit Vortheil absetzen kann. Der Unterscheid ist von 3 bis 6 Reichsthaler für jedes Klafter. Mit dem grünen Futter hat es in Ansehung der Verschiedenheit des Preises die gleiche Bewandtniß. Entweder führt der Küher sein Vieh auf die Alpen, wo er sie zu Weide treibt; diesen heisset man Senn. Oder er bleibt, wie im Winter, in der Ebene, und graset sein Viehfutter mit der Sense, auf frembem Boden ein. Dafür bezahlt er von jedem Stück täglich ein gewisses, von 8 bis 14 kr. des Tags, je nach den Umständen; diesen heissen wir Sommer- oder Heimküher.

Diese Weise, dem Küher das vorräthige Futter grün oder dürr zu verkaufen, und auf dem Gut ätzen zu lassen, ist fast immerhin, in verschiedenen Absichten, für alle diejenigen Landwirthe, die sich nicht persönlich mit füttern, melken und mästen abgeben können, das vortheilhafteste.

Man beliebe ferner zu bemerken, daß wenn eine solche Wiese länger als 3 Jahre die hier bestimmte jährliche 20 Centner dürres Futter ertragen soll, sie nothwendig frischerdings reichlich bedunget, oder aber gleich der künstlichen Kleematten, umbrochen, und nach zweymaligem Düngen und zweymaligem Besäen, erst wieder zum Grastragen geschickt gemacht werden muß.

Hingegen ist durch die lange Erfahrung nicht nur des Verfassers, sondern einer Menge Bernerischer Landwirthe ausser allen Zweifel gesetzt, daß auf mittelmäßigem nach Landesgewohnheit bedüngtem Boden, eine mit holländischem Klee besäete Jauchart, innert zweyen vollen Jahren, da er stehen bleibt, ganz gewöhnlich wenigstens 8 Klafter dürres Futter liefert, wie wir solches besser unten umständlich zeigen werden. Es verhält sich also diesste Matten in dem Ertrag des dürren Futters zu der ersten wie 8 zu 4, jedoch ohne Abzug der Kösten, die aber für Kleesaamen und Extraarbeit niemals höher als 4 bis 5 Reichsthaler steigen.

Noch grösser ist der Vorzug einer solchen Kleematten vor der natürlichen, wenn das Gras von beyden grün gefüttert wird.

Wiederholte und mit möglichster Richtigkeit angestellte Versuche bringen mit:

1) Daß 100 Pf. rothen holländischen Klees, der nicht allzu geil und mächtig ist, wenn er vollkommen gedörrt ist, beständig auf 20 bis 21 Pf. schwinden.

2) Daß gemeines Wiesengras, das aus etwa einem zehnten Theil Schmielen (Gramen,) einem sechsten Theil gemeinen Klee, und das übrige aus allerhand guten Pflanzen besteht, vom frischen zum dürren nur um drey Viertheil sinket, mithin daß 100

100 Pf. Gras 25 bis 26 Pf. Heu auswerfen.

3) Daß anderes gemeines Wiesengras, das hauptsächlich aus Schmielen, mit andern untermengten guten Grasarten bestehet, von 100 Pf. nur bis auf 30 Pf. wegdörret.

4) Daß hingegen eine gewöhnliche Melchkuh in 24 Stunden sich an 150 Pf. frischen holländischen Klees wenigstens eben so satt frißt, und bey dieser Nahrung mehr Milch giebt, als wenn sie in gleicher Zeit 150 Pf. des besten gemeinen Grases zu Futter bekommt. Ja, wenn die gemeinen Grasarten etwas hart, grob, oder auch nur im Schatten gewachsen sind, wird man einer Melkkuh in 24 Stunden bis 180 Pf. zum Futter aufstecken müssen. *)

---

*) Dieser Unterscheid der Grasarten wird den Landwirth sicher leiten, welche von seinen natürli

Nach obigem Verhältniß frißt also eine Kuh im Sommer an gemeinem Gras inner 24 Stunden den Werth von wenigstens 38 Pf. Heu; an holländischem Klee hingegen mehr nicht als den Werth von höchstens 32 Pf.

Uns ist zwar nicht unbekannt, daß einer der hiesigen besten und aufmerksamsten Landwirthe durch wiederholte Proben gefunden hat, daß 100 Pf. seines holländischen grünen Klees nur bis auf 30 Pf. eingedörrt werden, und daß er folglich bey der grünen Stallfütterung gegen der dürren weit über die Helfte verlieren müsse. Allein dieser Fall ist ganz besonders. Sein Klee ist so ausserordentlich geil und stark, die Stengel und Aeste so dick und beynahe holzartig, daß er unmöglich so gut ausdör-

---

natürlichen Wiesen er vorzüglich zur Grasfütterung oder aber zum Heumachen bestimmen soll.

ausdörren kann als derjenige, der nur in solchem Grund wächst, der anders nicht als wie zum Getreide gewöhnlich gedünget worden ist. Daher ist auch der Ertrag einer seiner Jaucharten an Klee beynahe das dreyfache desjenigen, was wir oben angezeigt haben. *) Folglich ist auch bey ihm, noch weit mehr als bey andern Landwirthen, der Ertrag unsers Klees ungleich grösser, als was immer eine andere Wiese liefern könnte. Nun wird er freylich bey der dürren Fütterung, wenn je dergleichen geiler Klee sich recht gut dörren

F 4

---

*) Laut seinem Tagebuch, auf dessen Richtigkeit der Leser sich völlig verlassen kann, hat derselbe zur Probe den 18 und den 26 Augustmonat dieses Jahrs, auf zweyen verschiedenen Kleestücken abmähen lassen, in allem 7200 Schuhe, mithin den fünften Theil einer Jauchart.

Der abgemähete Klee hat gewogen 26 Centner, und dieser hat dürr geliefert an Heu 860 Pfund.

dörren läßt, seine Rechnung weit besser als bey dem grünen finden; übrigens aber von dem Gewinst den Werth des aufgewendeten mehreren Düngers abzuziehen haben.

Nun da wir das Verhältniß einer zu Klee angepflanzten Jauchart Landes, gegen eine natürliche gleich grosse Matte wissen, so frägt sich noch: ob vielleicht andre künstliche Wiesen nicht einen noch grössern Vortheil brächten.

Unstreitig trägt Lüserne in recht settem Boden, da sie 4 bis 5mal gemähet werden kann, noch mehr ab, sonderlich wenn sie nach jedem Schnitt mit Viehgülle (Jauche) begossen wird; Aber

1). Unter gleichen Umständen würde holländischer Klee eben so viel ertragen.

2) Taugt Lüserne gar nicht zu dürrem Futter, sie ist wenig besser als Gersten-

kenstroh; da hingegen der dürre Klee das allerbeste Heu liefert.

3) Dauert die Lüserne bey reichlicher Bedüngung zwar viele Jahre hindurch. Ihre starke und tiefgehende Wurzeln aber mergeln den Boden in diesem Fall erstaunlich aus; da hingegen kein so schlechter leichter Grund ist, der durch den holländischen Klee nicht merklich gestärkt und zum Getreidebau tüchtiger gemacht werde.

Schmalen, *) sonderlich diejenigen Arten, die hoch aufwachsen und reich an Blättern sind, tragen viele Jahre lang fast eben so reichlich als der Klee, und sind sowohl dürr als grün für Zugvieh ein recht gutes Futter. Sie erfordern aber einen sehr feuchten Grund, oder wenigstens eine öftere Bewässerung; ein Beding,

---

*) Schmielen, Gramina avenacea et loliacea.

ding, welches bey dem trocknen und hochgelegenen Ackerland selten möglich ist.

Esper oder Esparset ist an sich ein recht gutes, und grün gefüttert ein milchreiches Futter; in schicklichem Boden dauert diese Pflanze 10 bis 12 Jahre, aber auch in ihrem stärksten Flor geht ihr Ertrag jährlich selten über 25 Centner dürren Futters. Ihre beste Eigenschaft ist, daß sie auch ohne Dünger, in einem tief geackerten und recht locker gemachten trocknen Grund glücklich fortkömmt. Daher ist ihr rechter Standort entlegenes Land, wohin die Düngerfuhr und andere öftere Landarbeit allzukostbar wird, und der Ackerbau deswegen allzubeschwerlich ist.

Hingegen hat der Klee den grossen Vorzug, daß er sich allerorten mit dem für unser Vaterland so höchstwichtigen Getreidebau auf das allergenaueste verbinden läßt, ja daß ohne diesen der Anbau des Klees

nicht

nicht bestehen kann. Diese grosse Wahrheit, die nicht nur den Landwirth interessirt, sondern die Aufmerksamkeit einer jeden Landesregierung zu verdienen scheint, soll die Schlußrechnung ausmachen, die wir aus dieser Abhandlung zu ziehen gedenken. Vorher aber bleibt noch übrig, die Anpflanzung eines mit dem Getreidebau abwechselnden Kleeackers, und dessen Benützung zu beschreiben.

Wenn der Acker nach gewöhnlicher Art zu Weitzen oder zu Dinkel (Spelt) im Herbst zugerüstet, bedünget und besäet worden, so bleibt er bis zur Frühlingszeit, da die Saat anfängt sich zu bestauden, ruhig liegen. Dieser Zeitpunkt ist verschieden, je nach der Länge des Winters. Selten aber fällt er ein vor dem 10ten April, oder später als das Ende dieses Monats.

Nun

Nun ist keine Zeit zu verlieren. Man egge die Saat mit einer scharfen hölzernen Egge zu einfachen Strichen, wenn der Acker windtrocken ist; das ist, etwa den ersten, zweyten oder dritten Tag nach dem Regen, damit die harte Winterrinde gebrochen werde. Ist dieses geschehen, so säet man, so bald möglich, auf eine Jauchart 16 bis 18 Pf. Kleesaamen, und egge ihn mit einer Egge mit eisernen Zähnen, die ungefähr 4 Zölle ausser den Balken vorstehen, zu gedoppelten Strichen unter. Ein einzelnes Pferd wird dieses ohne große Mühe verrichten, wenn die Egge ihr gehöriges Gewicht hat; *) und die Getreidesaat selbst

---

*) Eine solche Egge hat an Länge 4 Schuhe, 3 Zölle; an Breite vorn 2 Schuhe, 8 Zölle; hinten 3 Schuhe, 3 Zölle; 3 Querbalken, zu 3 Zöllen; 6 Streichbalken, zu 2 und ein halben

selbst hat von diesem wiederholten Eggen einen so gewissen und zum schnellen Wachsthum sichtbaren Vortheil, daß sich die Arbeit schon in dieser Absicht reichlich bezahlen wird.

Der auszusäende Kleesaammen aber muß nicht nur an sich selbst von guter Art und recht reif, sondern auch äußerst rein seyn, damit nicht sein Erbfeind der Grind *) (Flachsseide), der ihm äusserst genau anklebet, mit ausgesäet werde.

Wir wissen aus vielen Erfahrungen, daß in Genf die Gebrüdere Mirabeau, und in Bern der Handelsmann de Vigneule sich sehr befleisen, die Landwirthe, sonderlich in diesem Stücke, auf

das

---

halben Zollen; 48 Zähne; und wiegt bey 60 Pfund.

*) Französisch la Rache; Lateinisch Cuscuta.

das Beste zu versorgen. Oefters aber werden sie selbst minder sorgfältig bedient, und diese ins große gehende Handlung erlaubet ihnen nicht, jeden Sack und jedes Faß besonders zu untersuchen und recht rein zu machen. Es ist also der Vorsichtigkeit gemäß, daß jeder Käufer diese Arbeit selbst übernehme. Unser Verfahren dabey ist folgendes:

Der Kleesaamen wird 1) ganz trocken, je eine Handvoll nach der andern, zwischen den Händen gerieben; 2) durch ein Haarsieb geschlagen, das den reifen Kleesaamen nicht durchläßt; 3) hernach in klarem Wasser so oft gewaschen, bis das Wasser durch ein dünnes Leintuch gang klar abläuft; 4) hierauf wird er auf Leintücher dünne ausgebreitet, und an der Sonne oder in einem warmen Orte ein paarmal gerührt und getrocknet; 5) dann wieder sorgfältig zwischen den Händen gerie gerieben, und endlich 6) noch einmal durch das Haarsieb geschlagen, so ist er zum Aussäen fertig. Dieses scheint bey dem ersten Anblick weitläuftig, aber 2 Personen werden sehr leicht in einem Tag mit hundert Pfunden Saamen fertig werden, dazu man sich die müssigste Zeit wählen kann.

Damit der Saamen mit möglichster Gleichheit ausgestreuet werde, ist unumgänglich nöthig, daß man denselben mit etwas anderm, es seye Erde, Sand oder etwas dergleichen sorgfältig vermische. Der Verfasser und verschiedene seiner wirthschaftlichen Freunde, die den mäßigen Gebrauch des Gypses bey der Kleesaat kennen und hochschätzen, verfahren dabey wie folget.

Sie schütten unter 10 Pf. Klee eine Unze Baumöhl, mischen damit den Saamen, der davon überall schmutzig wird;

wird; jedes Pfund dieses angeschmirten Saamens wird dann, so gleich als möglich, mit einem Mäß fein geriebenem Gyps vermischt und in diesem Zustand ausgesäet.

Ist der Acker gut, und stehet das Getreide nicht gar zu dicht, so wird der Klee bey der Erndte ungefehr 15 bis 18 Zölle hoch seyn; alles aber wird zusammen abgeschnitten und in die Scheune gebracht, da denn bey dem Dreschen der mit kurzem Stroh vermischte Klee für Zugvieh ein nährhaftes Futter liefert.

Zu Ende des Herbstmonats wird der wieder aufgeschossene Klee eingegraset; dieser erste Schnitt liefert ungefähr pr. Juchart an grünem Futter • Centn. 50.

Jahrs darauf schon im Merzen wird dieses Kleestück scharf geeget; dann liefert dasselbe in 3 Schnitten wenigstens • • • 240.

Im

Im zweiten Jahr in zwey Schnitten wenigstens • • 110.
_____

Summa Centner 400.

Will man einen Theil dieses Klees zu Heu machen, so kann man die zwey ersten Schnitte des ersten, und beyde Schnitte des zweyten Jahrs ohne Bedenken darzu bestimmen; die zween Herbstschnitte aber müssen, wegen Mangel genugsamer Wärme, nothwendig grün gefüttert werden. Die zu Heu gemachten 4 Erndten werfen in beyden Jahren richtig 6 Klaftern ab.

Das Einsammeln ist nicht weitläuftiger oder kostbarer als bey jeder andern fetten Wiese. Gleich nach dem Abmähen wird der Klee äusserst sorgfältig mit der Heugabel so klar als möglich zerstreut, gegen Mittag mit dergleichen Gabel ganz

G sachte

sachte gewendet, etwa um 2 bis 3 Uhr Nachmittags die gleiche Arbeit wiederholt, und dann noch vor einfallendem Thau mit dem Rechen (der Harke) das würklich trockene Futter nicht in Haufen, sondern nur an ganz kleine Wälme (französische Audins) gezogen. Tags darauf werden diese Wälme nach 10 Uhr Morgens nur mit dem Gabel- oder mit dem Rechenstiel erdünnet, dann mit der Gabel gleich Nachmittags sachte gewandt, kurz darauf an grosse Haufen gestossen, aufgeladen und in die Scheune gefahren.

Sollte aber während dieser Zeit, es sey ein vorübergehender oder ein anhaltender Regen einfallen, so lasse man sich, aller Widersprüche ungeachtet, zu einer unwandelbaren Regel dienen, den abgeschnittenen Klee unberührt in demjenigen Zustand liegen lassen, in welchem er von dem Regen überfallen wird, und zwar so

lang

lang bis eine günstigere Witteruug sich zuverläßig einstellt. Alsbann fahre man mit dem Heumachen getrost in der vorgeschriebenen Ordnung fort, wo man verblieben ist. Klee, der nicht viel herumgeworfen, oder noch feucht an Häufen gesammelt wird, wo er sich erhitzen muß, verträgt ohne Schaden so viel Regen als immer eine andere Grasart, und gewiß viel mehr als das Emd.

Nach dem letzten Schnitt im 2ten Jahre, welcher gegen das Ende des Heumonats einfällt, hat der Landwirth die Wahl, das Umbrechen zu der Saat entweder bis gegen das Ende des Herbstmonats aufzuschieben, und inzwischen ein solches Kleestück abweiden zu lassen, in welchem Fall er der Saat mit etwa 3 Fudern Dünger zu Hülfe kommen muß; oder aber dasselbe noch vor der Saat 3mal zu bepflügen, in welchem Fall auch ohne Dünger eine reichliche Dinkelerndte zu erwarten stehet. Säet er aber Weitzen, welches in starkem Grunde angeht, so muß nebst diesem dreymaligen Pflügen auch noch das Düngen nicht vergessen werden.

Ist die erste Getreiderndte vorbey, so werden die Stoppeln, so bald möglich, nur leicht und ganz flach gestürzt, im Herbst auf jede Jauchart 10 Fuder Dünger gefahren, so tief als möglich untergeackert, und dann, es sey zum ersten oder zweytenmal, mit Dinkel besäet. Es muß aber auch eine solche Saat im zweyten Jahrgang so tief als möglich eingeegget werden, wenn der Halm stark werden und bis zu der Erndte aufrecht stehen soll. Kömmt der Frühling, so ist die Zeit zu der Kleesaat wieder da, und wird alsdann wiedrum verfahren, wie oben angezeigt worden.

Der Vortheil einer solchen Benützung des Ackerlandes gegen das gewöhnliche Verfahren,

fahren, da der Acker ein Jahr Dünkel, das
zweyte Jahr Roggen oder Sommerfrüchte,
das dritte Jahr aber nichts trägt, sondern
gebrachet wird, ist also für den Eigenthümer mehr als handgreiflich. Es fragt sich
aber, ob auch dieser Privatnutzen dem allgemeinen, mithin dem Interesse des Staats angemessen sey, folglich ob dabey sonderheitlich
der so äusserst wichtige Getreidebau nicht
vermindert werde.

Dieses zu entscheiden, dürfen wir nur
eine Vergleichung anstellen, was auf die
eine oder andre Weise eine Jauchart Ackerland im Durchschnitt von 9 Jahren nach
dem gemeinen Lauf abwerfe.

Das erste, vierte und siebente Jahr wird er
   gebrachet und trägt   Mütt 00 Mäß 0
Das 2te, 5te u. 8te an Din-
   kel jedes Jahr 9 Mütt,   27.
Das 3te, 6te und 9te Jahr
   an Roggen jedes Jahr   30

30 Mäß,   Mtt. 7.
Ms. 6.

Die Roggenerndte wird von allen Landwirthen gleich geschätzt einer halben Kornerndte; setzen wir anstatt der 3 Roggenerndten also $1\frac{1}{2}$ Kornerndte, folglich $13\frac{1}{2}$.

Wirft also in den 6 Jahren zusammen aus an Dünkel Mütt $40\frac{1}{2}$.

Wird hingegen mit dem Dünkel zugleich Klee gebauet, so finden sich für das erste, zweyte, fünfte und sechste, und endlich das neunte Jahr 5 Dünkelerndten.

Die 3 Erndten vom ersten Saatjahr à 9 Mütt,   Mütt 27. -

Die 2 vom letzten Saatjahr, weil ich hier 3 Mütt für die

beyden

beyden Aussaaten abziehe, nur
à 7½ Mütt, 15. -

Summa 42. -

Man bemerke, daß wir hier für die Aussaat der 3 Roggenerndten nichts abziehen, und dem nothwendig durch die reichere Düngung verbesserten Acker keinen mehrern Ertrag zurechnen, und dennoch bleibet einiger Vorschuß zu Gunsten des abwechselnden Kleebaues.

Fern also, daß bey dieser Einrichtung der eigentliche Getreidebau leide, so ist klar, daß, wegen des nun durch das Kleefutter so reichlich vermehrten Düngers, der Landwirth nothwendig weit mehr Land zum Ansäen bestimmen wird und bestimmen muß, damit er das nöthige Stroh vermittelst dessen sich anschaffe.

Ihm liefert nun ein solcher Acker jährlich, bald an Stroh, bald an Futter so viel, daß

daß er denselben hinlänglich, ohne Beyhülfe der natürlichen Wiesen, bedüngen kann. Das Futter von diesen Wiesen verschaffet also durch diesen Ueberfluß an Dünger das glückliche Vermögen, allerhand bis dahin selten oder gar niemals angebautes Land zu einem künstlichen Getreidebau artbar zu machen.

Nur noch eine einzige Betrachtung, und damit soll es genug seyn. Die Unabhängigkeit von andern Staaten hängt sonderlich von dem gesicherten genugsamen Getreidebau eines jeden Landes ab. Den geraden Weg zu dieser Absicht glauben wir unwidersprechlich gezeigt zu haben. Sollte aber der Verfasser sich in diesem wichtigen Stücke ganz oder zum Theil irren, so bittet er inständig, daß er dießfalls, es seye mündlich, schriftlich oder durch eine gedruckte Widerlegung, innert Jahresfrist zurecht gewiesen werden möchte.

Ist

Ist aber seine auf sehr viele ausländische, einheimische, fremde und eigene Erfahrungen gegründete Berechnung zuverläßig, so siehet er mit innigster, und wenn es zu sagen erlaubt ist, mit wahrer patriotischer Freude der Zeit entgegen, wo durch vermehrtes Getreide und eine noch weit vermehrtere Viehzucht, die Quelle unsrer sichersten auswärtigen Aktivhandlung, dem allzuhohen Preise der nöthigsten Lebensmittel Gränzen setzen, und die Menge des diesmal so sparsam cirkulirenden baaren Geldes vervielfältigen wird.

Beylage.

Beylage,
zur neuen Ausgabe.

Des Herrn Tschiffelis Abhandlungen über die Stallfütterung und den Kleebau sind vor mehrern Jahren, ohne seinen Namen erschienen; das Schriftchen hat sich aber ganz vergriffen, und wir hielten doch für nützlich, es noch ferner zu erhalten. Wir glauben, daß mit dieser neuen Ausgabe besonders den Liebhabern in Deutschland gedient seyn werde, wo es noch nicht so allgemein bekannt ist. Die Berechnung vom Kleebau wird aber dem Schweizer Landwirthe immer willkommen seyn.

Billig erneuren wir auch hier das Andenken des würdigen Verfassers. Seine Kenntniße waren mannigfaltig, und überall auf das Nützliche gerichtet. Er war im eigentlichen Verstande ein praktischer Kopf. Tschiffe-

Tschiffeli dachte tief und fühlte richtig. Sein Anblick verrieth sokratische Würde. Er starb als Patriot und Menschenfreund, den 15 Januar 1780. und war gebohren den 21 Decemb. 1716.

Seine Verdienste hier aufzuzählen kann hier mein Zweck nicht seyn. Aber eine Bemerkung wird hier für viele am rechten Orte stehen. Dieser bidere Mann war es eigentlich vorzüglich, welcher der noch im Seegen blühenden Berner ökonomischen Gesellschaft, ihr Daseyn und ihre Gestalt gab. Mit ihm verband sich ein ihm ähnlicher patriotischer Schweizer Herr Landvogt Engel, und diese Beyden gründeten ein Institut, das im Herzen des Vaterlandes ihnen ein daurendes Denkmal seyn wird. Alle die schönen Früchte, die das Publikum seitdem einsammelte, all der Eifer unter den Patrioten ward durch diese beyden Stifter hervorgerufen, und Teutschland und Frankreich nahm Theil an dieser Emulation. Der

Der seelige Verfasser hatte ein vollständiges Werk über die Landwirthschaft unter der Feder. Ich weis es aus seinem Munde, daß er darinn alle seine Erfahrungen in ein System gebracht, wo er die vielen kostbaren oft vergeblichen Versuche getreulich eingetragen hat. Sein Tod muß ihn an der Ausgabe übereilt haben, denn das Manuscript war 1779. fast zum Druck fertig; es sollten Kupfer dazu kommen. Schade wenn von diesen Reliquien, wo sie auch ruhen, nicht noch künftig Gebrauch gemacht werden sollte!

Der würdige und verdienstvolle Herr Pfarrer Majer von Kupferzell, war ein getreuer und fleißiger Korrespondent des seel. Verf. Man sieht, daß sich diese beyden Männer auch in ihrer Lehrart ziemlich gleichen, und sie sich beyde nach der Erfahrung gebildet haben. Ich finde diese Uebereinstimmung vorzüglich in des Herrn Pfarrer Majers Bemerkungen über die Ställfütterung, im

hohen-

hohenlohschen, welche zugleich eine richtige Vorstellung der dortigen Viehzucht geben, die mit den Tschifelischen Lehrsätzen fast ganz übereinstimmet, ich mache unsern Landleuten mit diesre Neuigkeit aus Deutschland gewiß Freude. *)

„1) In dem hohenlohischen Amte Kupferzell hält der Bauer keine Pferde, sondern nur Rindvieh, etwa bey jedem Hofe noch 6 — 12 Schafe, und etliche Schweine. Die Anzahl des Rindviehes bestimmt er durch die Anzahl der Morgen des Ackerfelds. Die Stallfütterung ist überall eingeführt. Ein Stück Vieh kann mittelst einer genugsamen Einstreuung 1 Hohenlohischen Morgen Acker dungen. Wenn nun ein Bauer von seinem 21 Morgen Acker jährlich $\frac{1}{3}$ also 7 Morgen zu dungen hat, so hätte er an 7 Stück Rindvieh genug: allein er hat groß und klein Vieh unter einander,

---

*) Nach dem Auszuge des Herrn Prof. Sprengers in den Bemerkungen zur Landwirtschaft (1783. S. 4. f.)

der, und seine 8 — 10 Schaafe können mit ihrem Miste seine Morgen Wiesen, Kraut- und Küchengarten alle Jahre nicht dungen; und daher fand man, daß er bey 21 Morgen Aecker 9 — 10 Stück Rindvieh nöthig habe. Milch und Butter will er nicht verkaufen, hält es für besser zu mästen, Ochsen und Rinder zu verkaufen, und vom Mastvieh recht fetten Dung zu machen, weswegen er 4 Ochsen, 2 Kühe, 2 zwey- und 2 einjährige Rinder hält. Seit dem Kleebau und Dungen mit Gips halten sie noch vielmehr Vieh. Sie finden es für nützlicher, ihre eigene Kälber zu verkaufen, und 1— 2 jährige Rinder wieder zu kaufen, besonders von Leuten, die es zu mästen nicht vermögen, aus Gegenden, wo die Fütterungen schlecht und die Grasarten schmellicht sind, weil solche bey ihrem bessern und fettern Futter besser gedeihen. Nur ein eigenes schönes großes Kalb ziehen sie auf, lassen es 6 Wochen saugen, binden es aber von der Geburt an, fern

von

von der Mutter an, und füttern es mit dem,
was es gern frißt, Oemd, Heu, kurzem Futter, mit etwas Schrott von Haber oder Wicken. Auf keine Waide kommmt es nie. Wird
es im Frühling, da man schon Klee hat, von
der Milch entwöhnt, so ist jeder Klee, besonders Esper, ihm ein recht gutes Futter; doch
sorget man äusserst, daß der Klee nicht naß,
erwarmt, oder zu viel sey. Beym Durchbruch giebt man gleich trockenes geschnittenes
Heu oder Oemd mit Kleyen vermischt. Wird
es um Lichtmeß entwöhnt, und will weder Heu
noch sonst etwas fressen, so giebt man geschnittene Burgunder weisse Rüben, Erdbirnen,
Obst und dergleichen. Nach und nach nimmt
es alles Futter an, und wird immer wohlge-
halten, damit, wenn es etwa im 2ten, 3ten
Jahr zu mästen und zu verkaufen ist, es nicht
zuviel Futter auf einmal bedarf. Sie
lieben durchaus schweres und starkes Vieh,
z. E. 2, 3jährige Rinder und Kühe sind

3 — 400 Pf., Ochsen 6 — 1000 ꝛc. Pf. schwer. Stammvieh, Kuh und Farre, werden von vorzüglichem Muster, Größe, Schönheit und Fähigkeit bald und recht fett zu werden, gewählet; das Rind muß wohl gehörnt seyn, eine breite Brust, weite Lenden, vollen runden Bauch, erhöhte breite Ribben, und eine gute Farbe haben, welche ein zur Fettigkeit geneigtes Vieh anzeigt. Solche Farben sollen seyn die falchichte, aschgraue, gelblichte, hellbraune, hauptsächlich die Landschecken von allen diesen Farben. Der Schecke, den sie sehr lieben, hat einen weissen Bauch, scheckigte Füsse und Schenkel, ist vom Kopf bis über den Schwanz auf dem Rücken in einem schmalen Streifen ganz weiß, im übrigen aber fahl, braun, roth, oder von noch anderer Farbe. Das porcellainfarbigte Vieh, als zur innern Fette gar nicht geneigt, lieben sie nicht, so schön und stark es auch ist. Soll ein junges Vieh wohl gehörnt werden, und das Horn wächset

wächſet nicht dahin aus, wo man es haben will, ſo macht man auf der Seite, „wohin „das Horn wachſen ſoll, an das Horn „2 — 3 kleine eines Meſſerrucken tiefe Ein- „ſchnitte;" ſo wendet es ſich im Wachſen dahin um. Man dreht und zieht die Hörner vielmal herum, wie man will. Alles geht auf Maſtung und Viehhandel; ſie kaufen und verkaufen alle 8 — 14 Tage, ſehen aber vornehmlich bey ihrer Maſtung auf die Zeit des beſten und gewiſſeſten Abſatzes, nehmlich Chriſtfeyertåge, Oſtern, Pfingſten. Ochſen erziehen ſie ſehr ſelten, ſondern kaufen ſie 4 — 5 jåhrig, und führen ſie ſelten über 1 Jahr. In Kenntniß des Viehes und Schåtzung ſeines Gewichts ſind ſie ſehr erfahren; der Vater unterrichtet und übet ſeinen Knaben darinn vom 12ten Jahre an. Die Fütterung des Viehes iſt folgende: Alles wird in der Ruhe, ſo viel möglich, gelaſſen, keine

H Weide,

Weide, keine Frohnen, keine harten Arbeiten. **Mastvieh** füttert und tränkt man im Stalle. Kein Vieh geht auf Stoppelweide, auch nicht nach dem Oemden auf die Wiesen. Man führt die Kuh zum Farren, wann sie über die Tränke geht. Man schont das Vieh so viel man kann; thut mit den Ochsen keine schwere Fuhren, fährt mit ihnen auf dem Felde sehr langsam, wechselt mit den 2 — 3 Paar Ochsen von halben zu halben Tagen ab; oft nimmt der Bauer den Ochsen das Joch auf dem Felde ab, und trägt es heim, nur daß es seine Ochsen nicht tragen dürfen. Reinlichkeit in den Ställen ist, oft größer, als in den Stuben und Kammern. Bey jeder Fütterung fegt man den Trog aufs reineste aus, sammelt und stäubt das Futter sorgfältig, mistet den Stall im Sommer täglich, im Winter auch täglich, wenn nur die Kälte nicht allzu groß ist;

streut

streut fleißig bey jeder Mistung, oder täglich zweymal, Morgens und Abends, braucht Striegel und Bürste täglich 2 — 3mal, um Staub und Unrath vom Vieh wegzunehmen. Dieß befördert die Ruhe; Ruhe macht fett bey mäßig gutem und wenigem Futter. Der Bauer füttert immer sein Vieh pünktlich, zu einerley Stunde, giebt nie keinem zu wenig, aber auch nicht zu viel, sondern daß es satt wird; er giebt ihm immer einerley Maaß, das er in seinen Armen oder seinem Korbe hat. Er wechselt immer mit dem Futter, den Eckel über einerley Speise zu verwehren; er wechselt beständig mit Heu, Oemd, Gestroh, Wicken und Haber ab, und mischt das nicht so schmackhafte und doch wohlfeile sehr mästende unter das, so theurer und wohlschmeckender ist, z. E. Wickenschrot unter geschrotene Gerste oder Haber ꝛc. Langes Futter, z. E. Gras, Oemb, Heu, Haber, Gerstenstroh steckt er in die Raufe, geschnittenes oder kurzes in den Trog. Kühe hält er wegen der Zucht und Milch. Eine gute Milchkuh hat diese Kennzeichen: Sie hat eine Mutter von guter Art gehabt, hat am Bauch große dicke Milchadern, einen recht langen Schweif, und einen dürren Hals. Eine tüchtige Zuchtkuh, die gute starke Kälber giebt, hat eine gute wohlgewachsene Mutter gehabt, hat eine starke Brust, breite Lenden, breite und hohle oder gebogene Ribben, ein schön Gehörn, annehmliche Farbe ꝛc. Soll eine Kuh viel Milch geben, so muß sie Ruhe, und gut Futter haben; man giebt ihr im Sommer das beste Gras, das man haben kann, im Winter Oemb; will es am Futter mangeln, so schneidet man Stroh mit Oemb, und mischt den

Abgang

Abgang von Getreid, Rüben, Burgunder Rüben, Erdbirnen, Krautblättern und Dorschen darunter. Salz streut man öfters auf das Futter. Klee und Esper ist das Futter im Sommer, und man wechselt wo nur immer möglich mit „Esper und den „zwey Kleesorten ab. Nie mäht man den „Klee naß oder bethauet, leget ihn nie im „Stalle auf Haufen, mäht daher nie zu viel „auf einmal, damit er sich ja nicht erhitze und dem Vieh schade. Man läßt ihn auch nicht auf dem Acker zu alt werden, oder zu lange stehen, weil sonst die untern Blätter faulen und stinken, und die Stengel zu hart werden. Klee, der nicht in nassen Jahren wächset, ist die fetteste Fütterung; einer machte 1772 allein mit Klee, ohne alles Korn, 6 Ochsen bestens fett. Im Frühling, wo man noch nicht genug Klee hat, schneide man ihn solang im Stroh-Schneidstuhl, und

mengt

mengt ihn unter dürres kurzgeschnittenes Futter von Stroh und Oemd, und setzet diesen den Sommer über Blätter von Burgunder Rüben, Kohl, allerhand Gartenkräutern zu, besonders das Kraut der Erdbirnen, das sie um Michaelis, wenn es nach und nach abstirbt, abschneiden, und glauben, daß besonders die Saamenäpfelein der Erdbirnen die Milch vermehren. Frißt die Kuh die harten Stengel des Erdbirnenkrauts nicht gern, so schneidet man sie auf dem Schneidstuhl; nach und nach frißt sie das Vieh sehr gerne. Wann die Kuh 6 — 8 Wochen, ehe sie junget, die Milch versagt, füttert man sie besonders wohl. Sie bekommt Schrot von Wicken, Haber, oder Gersten, auf jedes kurze Futter etwa eine kleine Hand voll, damit sie besser Milch, und ein größeres Kalb gebe. Wirft sie das Kalb, so fährt man mit diesem Aufsäen des Schrots fort; noch besser aber ist es, wenn man ihr

zur

zur Abkühlung statt des Schrots Dorschen von Kraut, Burgunder Rüben, oder Erdbirnen aufs kurze Futter giebt. Zugvieh, welches nur Ochsen sind, füttert man auf folgende Weise: Gemeiniglich kauft der Bauer magere Ochsen, und hilft ihnen nach und nach auf, giebt ihnen nicht zu viel Futter auf einmal, sondern geht damit langsam zu Werk. Anfänglich durch den Winter hindurch giebt er Haberstroh oder Roggenstroh, mit Heu oder Oemd gemischt, und geschnitten, Süd vom Getreide, nach und nach Aesterich, endlich etwas Schrot gegen den Frühling; mit diesem trocknen Futter hält er allezeit an, selten giebt er dem Fuhrochsen Gras und Klee, weil ihn diese bey der Arbeit nicht anhaltend und kräftig füttern. Wenn der Dienst der Ochsen im Herbst aus ist, mästet er sie, und verkauft sie. **Fütterung bey der Mastung:** Der Ochs ist durch mehrere

mehrere Ruhe, bessere Fütterung und fleissigere Wartung schon so weit, daß er unter dem Joch schon Fleisch hat, auch oft fett ist, und an den Metzger verkauft werden kann. Man macht ihn aber ganz fett, welches bald geschieht. Ruhe und etwas bessere Fütterung mästen ihn in 3 — 6 Wochen völlig. Man entzieht ihn aller Arbeit, das lange Futter ist Heu oder Oemd allein, dabey schneidet man Roggenstroh mit Heu oder Oemd vermischt, schüttet davon dem Ochsen 2 Fuder nach und nach vor der Tränke, und eins nach der Tränke vor, steckt ihm darauf so viel Heu oder Oemd in die Raufe, daß er allezeit satt wird; diese Fütterung giebt man früh, wenn man aufsteht, Mittags, und gegen die Nacht. „Die Bauren halten ungemein viel aufs „Strohschneiden, und verwandeln wo möglich all ihr langes Futter in kurzes; so nutzen sie alles harte und rauhe Futter, das

Vieh

Vieh frißt begierig, und verdaut wohl, und gedeiht dabey ungemein. Ein Schneidstuhl, den das Wasser und ein Rad treibt, thut mehr als viele Hände. Auf jedes kurzes Futter bekommt das Mastvieh 1 — 2 Hand voll Schrot von Wicken, oder Gersten, oder Haber, abwechselnd gemischt, auch allein und besonders; oder der Bauer schrottet alles dieses nicht, sondern läßt es nur nach und nach im Wasser aufquellen, wozu er eine besondere Kufe (Zuber) mit solchem Futter im Stall hält, und daraus dieses gequollene handvollweiß, wie den Schrot, auf das Geschnittene hinthut, und das Quellwasser dem Ochsen zu trinken giebt. Die Wicke mästet vor allen Körnern vortrefflich, ist aber etwas bitter, und schmeckt anfänglich dem Ochsen nicht, wird ihm aber annehmlich, wenn man Haber oder Gerste darunter mischt. „Schroten der Körner ist zur Fütterung und „Ma-

„Mastung weit besser als das Einquellen.
„Daher ziehen es auch die verständige
„Bauern vor, und haben, um dem Mül-
„ler zu entgehen, eine eigene Handschrot-
„mühle, worauf sie ihre Fütterung selbst
„schroten, so daß der Bauer in 2 — 3
„Stunden mit seinem Knecht einen Sack
„voll schrotet, der oft genug ist ein paar
„Ochsen zu füttern. Riß und Beschreibung dieser Schrotmühle ist in Hrn. Pf.
Majers Beschreibung des Amts Kupferzell
zu finden. Diese Mühle nimmt in Scheure oder Haus wenig Platz ein. Salzung
ist verschieden, entweder giebt man alle
Nacht auf das letzte kurze Futter etwas
Salz, oder reinigt nach der Tränke den
Trog, und bestreut ihn mit Salz, oder
hat im Stall einen Kübel mit Wasser,
lösset Salz darinn auf, und besprizt damit ein jedes kurzes Futter. In vielen

Ställen

Ställen ist auch gegen den Herbst diese Mastung üblich, daß man, wenn Wicken und Haber Schoten und Körner haben, und der Zeitigung sich nähern, solche bundweis vom Acker nimmt, auf dem Schneidstuhl klein, etwa eines Zolls lang schneidet, und dem Vieh so nach und nach vorschüttet. Auch so braucht man das Kraut der Erdbirnen, von welchem und sehr wenigem Schrot aus Haber, (zu einem Paar Ochsen ein halber Sack voll,) sind sehr viele Ochsen vollkommen fett worden. Eben so, wie die Ochsen, mästet man auch Ränder, und Kühe, welche letztere man aber währender Mastung nicht milkt. Wird das Heu auf den Wiesen durch Ueberschwemmung besudelt, so dörrt man es sonsten, wirft es auf der Wiesen wohl herum, bringt es heim, drischt es, allein die guten Blätter fallen weg, und

das

das Heu wird doch nicht völlig gesäubert. Daher schneiden diese Bauren das besudelte Futter unter Stroh, sieben diese Häckerling durchs Staubsieb rein aus, und brauchen sie als gutes Futter für das Mastvieh, ohne Gefahr, aber nicht für anderes Vieh, das man noch einige Jahre behält. Schweine und Schaafe mästet man hier, wie sonst überall. Schaafe werden am besten gemästet, wenn man sie auf Feldern eines schweren Bodens waiden, oder auf weiten Kleefeldern im Pferch läßt, wo sie des Jahrs 2 — 3mal nützlich zu mästen sind. Von Vieharzneyen theilt Hr. Pfarrer Majer im angeführten Buche mit 1) Mittel gegen das Auflaufen, wenn sich das Vieh überfrißt. Er giebt Beschreibung und Zeichnung vom Stich. 2) Das Mittel gegen die Verstopfung der Harnröhre durch Gries

oder

oder Stein durch einen Schnitt. Wem der Stich beym Auflaufen des sich überfressenden Viehes noch gefährlich scheint, dem empfiehlt Hr. Majer dieses aus der „Schweitz ihm als ganz zuverläßig und „geschwind helfend mitgetheilte Mittel: Mann nehme frisch gemolkene warme Milch, oder neue süsse Milch, die man etwas erwärmt hat, 4 bis 5 Pf. mische ein paar Loth schwarzen geriebenen Schnupftaback, oder etwas Eßig und zerriebenen Sauerteig eine Hand voll darunter, schütte es dem Vieh ein, und treibe es langsam herum; ein Durchbruch wird sich sogleich zeigen, und das Vieh retten."

1) Im Amt Kupferzell bestellt man Wiesen und Grasgärten also: Je
J und

mehr ein Gut Wiesen hat, für desto besser hält man es; und man sucht vor allen Dingen die Wiesen zu verbessern. Sie liegen fast alle in den Tiefen, und werden daher sorgfältig zu wässern gesucht. Eine Wiese von schwerem gipsichten Erdreiche ist die vorzüglichste, alle Grasarten geben da ein dem Vieh angenehmes und mästendes Futter. Sumpfichte nasse Wiesen tröcknet man durch zulänglich tiefe und viele Gräben, die, damit sie nicht leicht einfallen, oben $\frac{1}{2}$ — 2, unten $\frac{1}{4}$ — 1 Schuh breit sind; oft macht man sie 3 — 4 Schuh breit und tief, da sie viel Platz wegnehmen, daher man sie als kleine Kanäle mit Steinen trocken maurt, mit Platten belegt, wieder mit Erden überschüttet, und Grassaamen darauf streut, damit sie dem Graswuchse nicht schaden. Hierauf überführt man den

Platz

Platz dicht mit Thonmergel, und überstreut ihn mit Heublumen, auch dreyblätterichtem Kleesaamen. Diesen Kleesaamen streut man auch auf die trockne Wiesen im Frühling oder Herbst, nach dem Heuen oder Oemden, hin und her, und bekommt so nach und nach das beste Kleefutter. Die Anhöhen und Berge, die an ihren Seiten wenig Futter geben, bricht man nach und nach mit großem Nutzen um, und baut Erdbirnen und Klee darinnen. Da Esper allein im leichten Boden nicht fortkommt, und er und die Kleesorten einen nassen und sumpfigten Boden verabscheuen, so wählt man zu allen dreyen schweren Boden; wo es aber nicht seyn kann, streut man den Esper auf schweres, den ewigen und dreyblätterichten Klee aber auf leichtes Land. Man findet keinen wüsten öden Ort mehr; alle Anhöhen bricht

bricht man um, steint sie aus, besteckt sie
1 — 2 Jahre mit Erdbirnen, die da
sehr gut gedeihen, und besäet sie sodann
mit Esper, davon dieß Land mehr ein-
trägt als die beste Wiesen. Esper daurt
10 — 40 Jahre, ohne daß man ihn
neu säet, wenn der Boden recht trok-
ken, ohne Quellen und Zuflüsse ist.
Esper ist dem Vieh sehr gesund und
angenehm; doch ist sein Trieb gar
nicht mehr stark, wann er im Sommer
einmal und das erstemal abgeschnitten ist.
Ewiger Klee (blauer, Lüzerne) kommt
sehr früh, und treibt allemal sehr hoch
nach dem vielmaligen Abschnitt, ist aber
dem Vieh nicht so angenehm, weil,
wenn er etwas lange steht, seine
Stengel zu hart werden. Der drey-
blätterichte, den man in einem Som-
3 — 4mal schneiden kann, ist der vor-
züg-

züglichste. Man verfährt so mit seinem Anbau: man säet ihn nicht mehr allein, sondern unter Getreid; bereitet nemlich das Feld durch 1 — 2mal Pflügen, säet darauf die Hälfte des Habers oder der Gersten, die man sonst für diesen Plaz nehme, eggt dieses Getreide ein, und streut sodann auf 1 Hohenloischen Morgen 5 — 7 Pfund Kleesaamen nur oben darauf. Zu seiner Zeit graset man die Getreidsorte zum Futter grün ab, oder läßt sie auch zeitigen. Oder man besäet im Frühling, sobald der Schnee abgeht, die Wintersaat mit dem Kleesaamen, und, ohne ihn einzueggen, läßt man ihn keimen; oder, welches man jetzt vorzieht,

zieht, man streut den Kleesaamen unter die Haber oder Gerstensaat, 14 Tage oder 4 Wochen, nachdem man den Haber oder die Gersten gesäet hat, damit er nicht den Haber oder Gerste überwachse. Bey allen diesen drey Saatarten kann man den Klee im nemlichen Jahr noch 1 — 2 mal nutzen. Baut man ihn nach der zweyten Art im Winterfeld, so steht er oft in der Kornerndte schon ehlenhoch da, man mähet das Korn ab, schüttet ihn aus, und erhält ihn in Menge. Ist das Wintergetreide weg, so wächset er bis in Herbst noch halb ehlenhoch, und wird wieder gemäht, wenn man ihn im

Früh-

Frühling sogleich mit Gyps bestreut. Im folgenden Jahr mäht man ihn drey bis viermal ehlenhoch ab, sonderlich wenn man den Acker auf jedes Abmähen allemal wieder mit etwas Gyps bestreut. Im dritten Jahr geht er gemeiniglich aus, und der meiste Theil verkommt; doch bleibt allemal so viel übrig, daß es der Mühe werth ist, ihn noch ein bis zweymal zu mähen sodann bereitet man den Acker nach zwey Weisen wieder zum Kornbau. Entweder mäht man den Klee gegen Johannis noch einmal ab, bricht gleich darauf den Acker um, pflügt ihn bis auf die Saatzeit, wie gewöhnlich, weiter, und säet ihn mit

Winterfrucht an; oder man mäht, wenn der Klee im Brachfeld ist, den Klee bis zur Saatzeit. so oft man kann, bricht den Acker, den man sonst 3 — 4 „ Zoll tief
„ pflügte, um etwas seichter um,
„ nimmt mit dem Pflug weniges in
„ der Breite auf einmal, kehrt den
„ Wasen wohl hinab, säet die Früchte auf, und eggt sie alsbald ein, ohne den Acker darzu zu düngen. Diese letztere Art zieht man vor, und säet vorzüglich den Klee in Haberäcker nach der obigen dritten Saatweise. Ein Acker, so behandelt, wirft mehr ab, als ein jeder anderer. Man erndtet den Haber, nutzt die

Brache,

Brache, und das Wintergetreide, das man nach dem Klee säet, giebt zuverläßig um $\frac{1}{3}$ reichere Erndte, indem die faulende Kleewurzeln den Acker locker machen und düngen, und man die Kleefelder alle Herbst mit Dung zu überstreuen pflegt, um sie vor dem Fraß der Schaafe zu sichern; ferner sie alle Frühling mit Gips überstreut, mithin es weit mehr ist, als wenn der Acker von neuem gedüngt wäre. Weil diese Leute den Klee in Menge säen, so ziehen sie den Saamen selbst; sie schneiden nemlich den Klee, wenn er im Frühling das erstemal zu fett gewachsen, ab, wenn er das zweytemal wächset, lassen

sen sie ihn bis tief in den Herbst stehen, blühen und reif werden, alsdann mähen sie ihn ab, dörren ihn, bringen ihn bundweis in die Scheuren, dreschen ihn sogleich, da er noch dürr ist, oder legen ihn hin, und dreschen ihn im Winter in den kältesten Tagen. Die Blüthen fallen zwar ab, aber der Saamen geht nicht bald heraus, mithin fasset man die Blüthen ꝛc. in einen Sack, legt sie in die warme Stuben, und läßt sie nach und nach dörren, (NB. ja nicht zu nahe am Ofen, noch weniger im Backofen, weil eine schnelle und heftige Hitze dem Saamen die Kraft zu keimen benimmt.)

drischt

drischt sie hernach wieder, und stäubt und reinigt den Saamen. Ein kleiner Fleck Klee giebt eine sehr große Menge Saamen, und hierdurch ist deutlich, daß ein Saamenkleefeld mehr Gewinn abwirft, als das beste Getreidefeld. Der Klee „ als Futter schadet nie, als wenn er sehr lang stehet, faul wird, naß gemähet ist, auf Hauffen eine kurze Zeit liegt, erwarmet und stinkt, unordentlich, unbedachtsam, nicht abwechslend gefüttert wird; aber so schadet alle Fütterung, wenn sie also behandelt wird.

Uebrigens bestrebt man sich alle Wiesen und Kleefelder von allen Hindernissen des Graswuchses zu reinigen, Buschwerk, Ameisenhaufen, Maulwürfe wegzuschaffen; und sie gehörig zu dungen. Man düngt mit Mist, „Schlamm, Gassenerde, Hall- oder „Salzbözig (Salzasche) und Gips, „so viel man nur kann. Schlamm und Gassenerde führt man auf die Wiese im Herbst, Viehmist im Winter und gegen den Frühling; den Gips streut man auf, wenn der Schnee abgeht, schon zu Ende Februars oder unfehlbar schon im März, das Hallbözig im May.

Die Heuernöte fangen hier die Bauren sehr nüzlich an, wenn das

Gras

Gras zeitig ist, also der Grassaamen durchs Dörren ausfällt, mithin nach Johannis, 8 Tage früher oder später. Das Heu dörrt man recht wohl, wendet es deswegen öfters, bringt es Abends auf kleine Haufen, zerstreut es aber früh wieder, und führt es dürr heim. Viele bestreuen das Heu beym Abladen in der Scheure mit Salz, nehmen etwa z. E. zu einem Wagen voll 1 — 3 Maase. Den Klee dörren sie so, daß sie ihn, wenn er anfängt zu blühen, mähen; öfters aber nur früh Morgens oder Abends, wenn der Thau darauf liegt, wenden. Mähet man ihn, wenn er schon verblühet hat, so fallen die Blätter beym Wenden

den desto eher ab, wenn er etwas dürre ist." — — Soweit vom Landbau im hohenloischen.

Ueberhaupt empfehle ich meinen Landsleuten die vortreflichen Schriften des Herrn Pfarrer J. Fr. Meiers; insbesondere dessen Lehrbuch für die Land- und Hauswirthe, in der pragmatischen Geschichte der Land und Hauswirthschaft des Amtes Kupferzell. Mit Kupfern. (1773). Ein neues System der Landwirthschaft hat derselbe kürzlich angekündiget. Ich habe der Versuchung nicht widerstehen können, obige Proben den Schweizern vorzulegen, viele werden dadurch gereizt werden, zu der Quelle zu gehen, und sich
über-

über vieles andere von dem gleichen Verfasser belehren zu lassen. Man lernet bey ihm auch denken und über eine Sache vernünftig urtheilen; billig vergleicht man seine eigene Erfahrungen mit den fremden, und wählet das Beste.